거꾸로 읽는 헌법

헌법을 포기한 분들을
위한 필독서

거꾸로
읽는
헌법

이동준 지음

"생소한 헌법을 우리 삶과 연계하여 쉽게 이해하기"

기본적으로
이해해야 하는
헌법

헌법과
우리의 삶의
연결고리

헌법이란
무엇인가

좋은땅

6   헌법과 권력

7   헌법과 미래

1

서문

1

—

서문

공공기관에 10년을 근무하면서 공직자가 '헌법'이라는 것을 알면 국가와 국민이 얼마나 행복할까?라는 생각을 수도 없이 했었다. 하지만 7급 공채나 5급 공채(고시) 출신의 일부 소수의 공무원을 제외하면 '헌법'을 제대로 알고 있는 공직자는 거의 없다고 봐도 무방한 것이 현실이다.

미국이나 일부 선진국에서는 대학교 법학과가 아닌 곳에서도 헌법을 교육하고 있는 반면에 우리는 법대나 고시공부를 하지 않고는 접할 기회가 없다.

그런 이유로 우리나라 국민들 중 대다수는 공직에 임하거나 정치·사회면의 이슈를 접할 때 자신과는 관련이 없는 일 또는 돈이 되지도 않는 가십거리 정도로 치부하기 십상이다.

그러나 우리가 헌법을 알게 되면 이러한 이슈를 접할 때 정치인 A가

왜 그렇게 기자회견을 했는지, 사회적 갈등 발생 시 기본권과 공익의 가치가 어떻게 충돌되어 해결을 헌법적으로 어떻게 바라보아야 하는지 등의 심층적인 고민을 할 수 있게 된다.

본 저서《거꾸로 읽는 헌법》이라는 제목에서 유추할 수 있듯이 어려운 헌법학적인 내용은 과감하게 없애고, 우리나라를 살아가는 국민이 기본적으로 이해해야 하는 헌법을 다루려고 노력하였다. 법학적인 접근보다 헌법과 우리의 삶이 어떤 연결고리를 갖는지 살펴봄으로써 헌법과 우리의 끊임없는 대화를 소망한다.

2

헌법 그 자체

2
—
헌법 그 자체

1) 헌법이란 무엇인가?

'헌법이란 무엇인가'라고 질문을 하였을 때 대답을 잘 못할 것 같지만 의외로 한 문장 정도로는 다들 답변을 하는 경우가 많다. 보통은 그 국가의 기본법, 최고법이라는 의미로 대답을 많이 하는 것으로 알고 있다. 헌법의 고유한 의미로 본다면 맞는 말이라고 생각한다. 헌법은 시대를 막론하고 그 국가의 기본이 되는 법이고, 국내적으로 최고의 효력을 가지는 법이라는 점에서는 공통점이 있다. 조선시대의 헌법이라고 하는 경국대전이 그 예라고 할 수 있다.

하지만 헌법을 국가의 기본법, 최고법이라고만 알고 있으면 뭔가 헌법이 우리의 삶에 와닿는 것이 없다. 왜냐하면 너무 피상적이면서 구체적이지 않고, 시대상을 반영하지 못하기 때문이다. 조선시대 헌법과 현대의 헌법 개념이 적어도 같지는 않을 것이기 때문이다.

헌법은 국민의 기본권과 국가의 통치구조를 규율하는 법이다.

그렇다면 '헌법이란 무엇인가?'에 대한 가장 좋은 답변은 현시대상을 반영하면서 구체적으로 어떠한 것들을 규정하고 있는지를 한 문장으로 설명할 수 있는 것이어야 한다.

결론부터 말하자면 헌법은 '국민의 기본권과 국가의 통치구조를 규율하는 기본법'이라고 할 수 있다. 전근대 국가에 없는 국민의 기본권이 추가되어 현대적인 의미의 헌법 정의로 볼 수 있다. 그리고 헌법이 구체적으로 무엇을 규율하는가를 명백히 하고 있다.

헌법은 우리의 권리와 대한민국의 권력을 규정하는 법으로 생각하면 이해가 쉽다.

2) 결단주의와 헌법제정권력

헌법을 처음 공부할 때 법실증주의, 결단주의, 통합주의와 같은 것들을 배우게 된다. 처음에는 생소할 수는 있지만 사실 헌법을 배우고자 하는 입장에서 봤을 때는 가장 쉽다. 보통 이 시기에 헌법을 포기하는 사람은 본 적이 없는데 그 이후가 문제이긴 하다.

법실증주의나 통합주의보다는 결단주의가 제가 생각했을 때는 헌법제정권력과 맞물리면서 헌법을 이해하는 데 도움이 될 것 같아 간단하게 소개하고 넘어가려고 한다.

결단주의가 생각하는 헌법이란 '최고권력자의 결단'이라는 것이다. 그리고 그 최고권력자의 결단을 만들어 내는 동력이 헌법제정권력이라는 것이다.

사실 학문적으로만 본다면 책 한 권으로도 부족한 이론이지만 이렇게만 알아 둬도 역시 부족할 것이 없다고 생각한다. 시험공부를 하는 학생이라면 이 이론을 주창한 학자가 칼 슈미트인 것까지만 하나 더 알면 충분하다.

최고권력자란 시대와 나라마다 다를 수 있다. 중세시대에는 '신'일 수도 있고, 절대왕정시대에는 '군주'일 수도 있다. 당연히 현시대에는 '국민'이라 할 수 있다.

그런 최고권력자의 결단으로 그 나라의 기본이자 최고의 효력을 가지는 법인 헌법이 만들어졌다고 보는 것이 헌법을 쉽게 이해하는 데 도움이 될 수 있을 것 같다.

이러한 시각으로 후술할 헌법 개정역사와 영토조항, 민주공화국의 의미 등을 논할 때 하나의 도구로 활용하려 한다.

3) 법실증주의

19세기의 법실증주의는 법의 정당성을 배제한 채 합법성만을 강조하여 제정법(실정법) 중심으로 법학을 연구해야 한다는 사조이다.

법실증주의는 권력자나 국회가 제정한 성문의 법률에 의해서 국민의 권리, 의무를 판단하고, 각종 사회문제에 대한 잣대를 형성하기 때문에 법적안정성 측면에서는 아주 유리한 측면이 있다.

그러나 20세기에 들어와서 히틀러와 같은 독재자들이 출현하여 그들에 의한 정당하지 못한 법이 제정되어 유태인 학살, 제2차 세계대전과 같은 문제점이 발생하자 사람들은 법의 정당성에 대해서 생각해 보게 되었다.

이렇게 해서 2차 대전 이후 나타난 것이 실질적 법치주의다. 법실증주의처럼 합법성만을 강조한 나머지 악법에 의한 불법이 자행된 현실을 개선해 보자는 것이다.

그래서 20세기는 법이 법규로서의 성격을 갖기 위해서는 합법성뿐만 아니라 정당성도 가져야 한다는 '실질적 법치주의'가 주류가 된다.

이러한 '실질적 법치주의'에 의해 '위헌법률심판' 제도와 같은 헌법재판제도가 도입되고 있는 것이라 할 수 있다.

4) 대한민국 역대 헌법 개정의 주요 관심사

헌법은 '국민의 기본권과 국가의 통치구조를 규율하는 기본법'이라고 하였는데, 대한민국 역대 헌법 개정사를 보면 우리 역사에서 위정자들의 관심사가 주로 무엇인지 가늠할 수 있다. 헌법은 분명 기본권과 통치구조를 규율하는 법인데 우리나라 헌법 개정역사는 아쉽게도 '권력구조'에만 관심이 있었다. '국민의 기본권'에는 별로 관심이 없었다. 지금 논의되고 있는 헌법 개정 관련 논의도 대통령 4년 중임제니, 의원내각제니 이런 권력구조에만 관심이 있고, 국민의 기본권과 관련된 내용에는 관심이 없다. 그만큼 우리 위정자들은 옛날이나 지금이나 한결같이 자신들의 권력에만 관심이 많지 국민의 삶에는 관심이 없었던 것이 사실이다.

이승만 정권의 연장을 위해 만들어진 발췌개헌이라 부르는 '제1차 개정헌법', 초대대통령에 한해 3선금지 조항 철폐를 골자로 한 그 유명한 사사오입개헌이 '제2차 개정헌법'이다. 사사오입개헌은 그 이름에서 보듯이 수학의 반올림 원리를 차용하여 정족수 미달의 부결된 헌법을 다시 가결한 세계사에서 찾기 힘든 전대미문의 사건이었다. 그 이후 군사정권에서 단행된 제5차 개정헌법부터 유신헌법이라 부르는 '제7차 개정헌법', 전두환 정권의 '제8차 개정헌법', 6.10 민주항쟁의 산물이라 부르는 현행 헌법인 '제9차 개정헌법'에 이르기까지 주요 관심사는 국민의 기본권이 아닌 '권력구조'였다.

군사정권에서는 오히려 기본권을 제한하는 쪽으로 퇴행적 헌법 개정이 이루어졌고, 그나마 민주헌법이라 부르는 현행 헌법도 개정 당시에 주요 관심사는 간선제인 대통령제를 직선제로 바꾸자는 것이 주된 내용인 것이 사실이다.

이런 우리 헌법 개정의 흑역사야말로 국민들이 헌법에 무관심할 수밖에 없는 주요 원인이 되었다고 생각한다. 왜냐하면 우리의 삶과는 관련 없는 권력자들, 그들만의 리그였기 때문이다.

그러므로 앞으로 헌법 개정 논의가 있을 때에는 권력구조뿐만이 아닌 국민의 기본권과 관련된 내용에 대해서도 심도 있게 다뤄졌으면 좋겠다.

현행 헌법은 6·10 민주항쟁의 결과물이다.

3

헌법과 대한민국

3

헌법과 대한민국

1) 민주공화국의 진정한 의미

「왕이 없다」

헌법 제1조 제1항이 무엇이냐고 물으면 열에 아홉은 '대한민국의 주권은 국민에게 있다'라고 말한다. 그러나 아쉽게도 그건 제1조 제2항이다. 대한민국 헌법 첫머리에 규정되어 있는 제1조 제1항은 '대한민국은 민주공화국이다'이다. 이것을 정확하게 아는 사람이 별로 없다는 것이 슬픈 현실이라고 할 수 있다. 이제는 이 책을 보고 알았으니 정확한 의미까지도 아는 기회로 삼았으면 좋겠다.

그런데 '민주공화국'이라하면 어떤 이미지가 제일 먼저 떠오르는지 궁금하다. '민주주의'가 포인트인지 '공화국'이 포인트인지 헷갈린다. 대다

수는 대한민국이 민주주의 국가임을 나타내는 말이 아닐까라고 생각한다. 그렇다면 이해하기 쉽게 예를 들어 보겠다.

헌법 제1조 제1항과 제2항을 혼동하기 쉽다.

'행정법'은 '행정학'인가?, '법학'인가? 또 다른 예로 '경제법'은 '경제학'인가?, '법학'인가?

당연히 둘 다 엄연한 법학이다. 우리나라말은 뒷말에 무게중심이 있는 언어이다.

그러므로 '대한민국은 민주공화국이다'라고 할 때 포인트는 '민주'에 있는 것이 아니라 '공화국'에 있다고 봐야 한다. 이것이 대한민국이라는 나라를 이해하는 데 아주 중요하다.

그럼 '공화국'이란 무엇인가?

정치학 책을 보면 '공화주의'부터 시작해서 엄청 복잡하게 되어 있는데 오히려 공화국을 이해하는 데 방해가 된다. 한마디로만 알면 된다.

바로 '왕이 없다'이다.

대한민국 헌법 제1조 제1항의 진정한 의미는 '왕이 없다'라고 생각하면 된다.

다른 예로 영국이나 일본은 '민주공화국인가?'라고 질문하면 헷갈려하는 분들이 많다. 의외로 민주공화국이라 말하는 분들이 많다. 왜냐하면 '공화국'이 포인트인데 '민주'라는 단어에 포인트를 맞춰서 그렇다. 결론부터 말하자면 영국이나 일본은 '민주공화국'이 아니다. '입헌군주제'이다. 그렇다고 그들 국가가 '민주주의'국가가 아닌 것은 아니다. 그러므로 '민주'라는 단어에 집착하면 이 조항을 제대로 이해하기 힘들다.

예전에 〈궁〉이라는 드라마가 있었다. 조선시대의 왕가가 현대까지 이루어져 오늘날의 영국이나 일본처럼 우리나라도 '입헌군주제'처럼 운영된다는 내용이었다. 드라마가 인기가 있어서인지 그때 많은 국민들이 우리나라도 입헌군주제의 '왕'을 두면 좋겠다는 생각을 했다고 한다. 하지만 현행 헌법하에서는 제1조 제1항 때문에 왕을 둘 수는 없는 것이다.

이 조항은 제1공화국헌법부터 지금까지 계속 존재했는데 왜 도입이 된 것인지는 여러 가지 견해가 있으나 전술한 '결단주의'와 연관이 있다고 생각한다. '결단주의'의 시각에서 보자면 그 당시 최고권력자의 의지와 결단이 제1조 제1항에 담겨 있지 않았나 생각한다. 그리고 대한민국 임시정부 시절 대한민국 임시헌장 제1조 "대한민국은 민주공화제로 한다."라는 규정에 영향을 많이 받았다.

어찌되었든 헌법 제1조 제1항의 진정한 의미는 '왕이 없다'로 그 누구도 사람 위에 군림할 수 없다. 그건 대통령도 마찬가지라는 뜻이다.

2) 영토조항과 평화통일조항

「북한 주민의 국적은 무엇일까」

우리나라는 특이하게 헌법에 영토를 규정하고 있다. 헌법 제3조에서 "대한민국의 영토는 한반도와 그 부속도서로 한다."로 명시적으로 규정하고 있다. 얼핏 보면 별 의미 없는 조항으로 치부할 수 있는데 사실 헌법적으로 아주 중요한 조항으로 볼 수 있다. 헌법에 앞 조항에 있다고 해서 무조건 중요한 조항이라고 보기는 어렵지만 130조에 달하는 헌법에서 3번째로 규정하였다는 것은 그 의미가 남다르다고 보는 것이 옳다.

이 조항이 왜 의미가 있는지는 '한반도'에 포커스가 있다. 우리는 남과 북이 사실상 한반도에서 분단되어 있다고 생각하는데 헌법에서는 대한민국의 영토를 '한반도' 이남이 아닌 '한반도' 전체로 규정하고 있다는 것이다.

헌법 제3조 영토조항은 북한주민이 대한민국 국민인 근거이다.

이는 결과적으로 대한민국의 영토는 북한 지역까지 포함한다는 뜻이며, 대한민국의 주권이 북한 지역에까지 미친다는 것이다. 그러면 현재 북한이란 나라는 무엇인가?

헌법 제3조의 해석에 따르면 '반국가단체'가 되는 것이다. 대한민국의 영토는 한반도 전체인데 북한이 한반도 이북을 불법적으로 점거하고 있다는 뜻이다. 헌법 제3조는 북한을 국가로 인정하고 있지 않고, 우리가 수복해야 될 영토로 명백히 인식하고 있는 것이다.

북한이 헌법 제3조에 따라 '반국가단체'가 되면서 나온 법이 국가보안법이다. 실제 국가보안법에는 '북한'이라는 단어는 하나도 나오지 않는다. 대신 '반국가단체'라는 용어만 있다.

이 조항에 있어서 실질적으로 혜택을 보는 사람은 '탈북민'이다. 왜냐하면 북한사람이 우리나라로 탈북하면 일반 외국인과는 다르게 귀화 시 번거로운 절차가 없다. 별도 절차 없이 우리 국민으로 인식한다. 우리는 이것을 같은 민족이니까 그런 것 아닌가라고 별 비판 없이 받아들여 왔지만 같은 민족이기 때문에 당연히 북한주민이 대한민국 국민이 된 것은 아니다. 북한주민은 대한민국 헌법 제3조에 의해 태어나는 순간 대한민국 국민이었던 것일 뿐이다.

사실 이 조항은 굉장히 중요한 조항이기 때문에 1공화국부터 지금까지 한 번도 빠짐없이 헌법에 규정되었지만 정치이념에 따라 이 영토조항을 불편하게 보는 시각도 있다. 그럼에도 불구하고 이 조항은 조국의 염원인 통일과 '북한주민'의 법적 지위를 보장하기 위해서 반드시 필요한 것이라 할 수 있다.

반면, 북한이라는 나라를 인정하지 않는 '영토조항'과는 상반되는 것처럼 보이지만 헌법 제4조에는 '평화통일조항'이 있다. 대한민국은 통일을 지향하며 평화적 통일정책을 수립하고 추진한다는 내용이다. 이는 제3조와는 달리 북한을 평화통일을 위한 동반자로 파악하고 있어 제3조와는 북한을 바라보는 태도가 사뭇 다른 뉘앙스를 풍긴다.

그렇기 때문에 우리 헌법이 결국 북한을 어떤 존재로 보고 있는 것인지에 대해 해석이 분분할 수밖에 없다. 개인과 정당의 정치적 이념에 따라 헌법 제3조와 제4조를 아전인수 격으로 해석을 하곤 했다.

그렇다면 사법기관인 대법원과 헌법재판소의 판단은 어떠할까? 일단 대법원은 판례상 헌법 제3조의 북한의 '반국가단체'성을 인정하고 있다. 반면에 헌법재판소는 헌법 제3조와 제4조를 동시에 인정하고 있다. 북한을 헌법 제3조의 '반국가단체' 성격과 헌법 제4조의 평화와 교류의 협력 대상자로도 볼 수 있다고 명시하고 있다. 헌법재판소는 북한의 양면성을 인정하고 있는 듯하다.

우리 사회도 진보와 보수의 이념에 따라 북한을 바라보는 시각이 다원화되었기 때문에 헌법재판소의 시각으로 균형 있게 북한을 바라보는 것이 타당하다고 생각한다.

다만, 국내법상의 북한과 북한주민의 지위나 통일 후 대한민국이 북한지역을 완전히 수복하기 위해서는 헌법 제3조의 영토조항이 근간이 되어야 국익에 부합하다고 할 수 있다.

3) 정당의 위헌성 문제

「정당해산심판」

정당은 정치적 주의나 주장이 같은 사람들이 정권을 잡고, 정치적 이상을 실현하기 위한 단체로 가장 핵심은 정권을 잡기 위한 것이다.

정치적 주의나 주장, 정치적 이상은 사람이 가질 수 있는 지고지순한 가치라 할 수 있기 때문에 무엇이 옳고, 그르다고 단정할 수 없을뿐더러 국가권력이나 법률로써도 제한할 수 없다. 그렇기 때문에 우리 헌법은 정당의 설립을 자유로 하고 있으며 그 활동을 보장하고 있다.

정당은 헌법 제37조 제2항의 일반적 법률유보로써도 제한되지 않는 절대적 권리라고 할 수 있다.

그럼에도 불구하고 헌법 제8조 제4항에는 정당이 해산될 수 있는 근거를 규정하고 있다. 민주적 기본질서에 반하는 정당에 대해 정부가 헌법재판소에 해산을 제소할 수 있고, 헌법재판소의 심판에 의해서 해산이 된다는 내용이다. 정당이 해산될 수 있는 현행법상 유일한 방법을 규정함으로써 오히려 역설적으로 정당을 강력하게 보호하고 있는 것으로 봐야 한다.

왜냐하면 민주적 기본질서에 반한다는 것과 정부가 헌법재판소에 제소하는 절차와 헌법재판소의 정당해산결정이 모두 이루어져야 하는 까다로운 절차를 모두 거쳐야 하기 때문이다. 더구나 헌법재판소의 정당해산결정이 이루어지려면 헌법재판소 재판관 9명 중 6명 이상의 해산결정이라는 가중의결정족수를 충족해야 한다.

실제 우리 헌정사에 암흑기라 할 수 있는 독재시대와 군사정권, 권위주의 시절에도 많은 정당이 있었고, 탄압과 견제가 많았어도 정당이 해산된 경우는 2건에 지나지 않았다.

첫 번째로 1958년에 이승만 정부에서 있었던 조봉암의 '진보당 강제해산'이 있었고, 두 번째가 민주화가 이루어진 2014년 박근혜 정부에서 있었던 '통합진보당 강제해산' 사건이 있었다. 두 가지는 해산된 정당 이름의 유사성과 강제해산이라는 점에서 비슷한 듯 보이나 헌법적인 의미에서는 완전히 다르다는 점에 주의해야 한다. 이승만 정부에서 있었던 '진보당 강제해산'은 헌법재판소의 위헌정당강제해산 절차가 아닌 행정청의 직권에 의해서 해산되었고, 박근혜 정부에서 있었던 '통합진보당 강제해산'은 헌법재판소의 위헌정당강제해산 절차에 의해서 해산되었다는 차이가 있다. 사실 1958년에는 헌법재판소라는 기관 자체가 없었다.

첫 번째 사건이야 권위주의 시대에서 발생된 일이라 역사가 평가할 일이지만 두 번째 사건은 민주화가 진행된 시점에서 헌법에 규정된 사법절차에 따라 진행된 정당해산이라 생각해 볼 논점이 있다고 생각한다.

정당 설립의 자유는 전술한 바와 같이 최대한의 자유를 누린다고 하였으나 헌법 제8조 제4항에 민주적 기본질서에 반하는 정당에 대해 해산할 수 있다고 예외 조항을 두고 있다. 이는 정당의 자유가 민주주의 최고의 보루는 맞지만, 방어적 민주주의 관점에서 진정한 민주주의를 지키기 위해 그 정당의 자유를 제한하고 해산할 수 있다는 논리로 보아야 한다. 이는 마땅히 정당 구성원의 정치적 기본권을 극심하게 침해하는 것이기 때문에 제한적으로 해석해야 타당하다. 그럼에도 불구하고 그 당시 헌법재판소는 통합진보당이 헌법 제8조 제4항에 규정된 '민주적 기본질서'에 위배된다고 판단되어 헌정 사상 최초로 강제해산을 하였다. 헌법재판소의 판결은 존중하지만 개인적으로는 사법절차에 의한 정당 강제해산보다는 정말 그 정당이 헌법상 '민주적 기본질서'에 위배된다면 국민이 선거를 통한 민주적 통제로서 그 정당을 사실상 소멸시켜 버리는 것이 타당하다고 생각한다.

여기서 중요하게 또 다뤄야 할 논점이 통합진보당이 강제해산되면서 소속 의원 전원의 의원직이 상실되었다는 것이다. 사실 이것은 헌법학적으로 상당히 논쟁이 있었던 것인데 헌법재판소가 과감하게 결정하였다는 생각이 든다.

국회의원은 전체 국민의 대표이다. 지역구의 대표도 아니며, 소속 정당의 대표는 더더욱 아니다. 그러나 우리 일반 국민의 생각은 국회의원들이 국가보다는 자신의 지역구와 소속 정당의 이익만 대변하다 보니 후자처럼 생각하는 것 같다.

위헌정당이 강제해산되면 소속정당의 의원직이 상실되느냐의 문제는 학설상 갈린다.

국회의원은 전체 국민의 대표이기 때문에 의원직이 상실되지 않는다는 학설과 지역구 국회의원직은 유지되나 정당에 종속적인 비례대표 국회의원직은 상실된다는 학설이 있었다.

헌법재판소 판결처럼 소속 국회의원을 모두 상실하는 학설은 소수설에 가까웠다.

각국의 헌법을 보더라도 국회의원이 전체 국민의 대표라는 점에서 정당이 강제해산되었다고 소속정당 전체의 국회의원직을 상실하는 것은 과했다고 생각한다. 개인적으로는 국회의원은 전체 국민의 대표이기 때문에 소속정당의 해산에도 불구하고 의원직을 유지하는 것이 타당했다고 생각한다.

4) 민주주의와 법치주의의 관계

깊게 논의하자면 수십 권의 책으로도 부족할 주제이나 간단하게 정의하고 넘어가도 좋을 것 같다. 민주주의는 영어로 'democracy'이다. 'demo'(민중)와 'cracy'(지배)의 합성어이다.

그러므로 민주주의는 '다수 민중에 의한 지배'를 뜻한다. 법치주의는 아시다시피 '법에 의한 지배'이다.

헌법상 가장 중요한 원리라고 할 수 있는 '민주주의'와 '법치주의'는 일단 정의를 보면 상충하는 원리라는 생각이 든다. 왜냐하면 다수 국민의 뜻과 법이 추구하는 것이 다를 가능성이 있기 때문이다.

사실 그렇다. '민주주의'와 '법치주의'는 개념상 상충되지만 우리 헌법이 추구하는 국민의 기본권 보장을 위해서는 상호보완적이다.

'민주주의'를 빙자하여 다수 국민의 뜻이라는 미명하에 소수자의 기본권을 침해한다면 '법치주의'가 법으로써 그것을 제한할 것이며, 그 반대로 악법으로 국민의 기본권을 침해한다면 국민이 '민주주의'의 꽃인 선거를 통해 국회로 하여금 그 악법을 폐지할 것이기 때문이다.

그러므로 '민주주의'와 '법치주의'는 갈등관계에 있으면서도 상호보완적이다.

5) 민의를 반영하는 선거제도
「선거구제와 비례대표제」

우리나라의 국회의원 선거는 소선거구제이다. 소선거구제는 한 선거구에서 1명만 당선이 되는 제도이다. 그 반대인 중대선거구제는 한 선거구에서 2명 이상도 당선이 될 수 있다.

소선거구제는 한 선거구에서 1명만 당선이 되기 때문에 득표율이 좋아 승자독식하기 쉬운 거대정당에 유리하며 인지도가 없는 정치 신인에게 불리하다. 반면 중대선거구제는 2등도 당선이 되기 때문에 소수정당이나 정치신인에게도 기회가 될 수 있다.

민의를 잘 반영하는 선거제도는 사회적 합의가 중요하다.

그렇다면 두 가지의 제도 중 어떤 선거제도가 국민의 민심을 온전하게 담아낼 수 있을까?라는 고민이 든다. 그 고민만큼 이 질문에는 정답이 없다.

왜냐하면 시대상황에 따라 국민의 요구가 요동치기 때문이다. 가령 양당제를 통한 정국안정을 국민이 원한다면 소선거구제를 선호할 것이며, 양당정치에 대한 염증으로 인해 새로운 정치세력의 등장을 갈망한다면 중대선거구제를 선호할 것이기 때문이다.

한편, 우리나라 선거제도에 있어서 중요한 제도로 떠오르고 있는 것이 비례대표제이다. 비례대표제는 의석 수(또는 득표율)에 따른 비례대표제가 있고, 정당명부식 비례대표제가 있다. 의석 수에 따른 비례대표제와 득표율에 따른 비례대표제에 따르게 되면 장점은 기성정당(득표율도 많고, 의석 수도 많음)에게 유리하게 되어 정국혼란이나 소수당의 난립을 방지하여 정국안정에 기여하는 측면이 있고, 단점은 비례대표제란 각 계급의 대표를 뽑는 제도인데 사실상 기성정당에게 표를 몰아주는 단서를 제공해 줄 수 있으므로 제도취지가 무색해지고, 신인정치인의 정치계의 등장이 불가능해진다. 그리고 정당의 득표율이나 의석 수에 따라 개인 후보의 당선여부를 결정하므로 직접선거, 평등선거원칙에 반할 여지가 있다.

그러나 정당명부식 비례대표제에 따르면 정당이 얻은 득표율에 따라 명부에 있는 후보 순위대로 당선이 되므로 직접선거, 평등선거 원칙에 부합하게 되며, 신진정당이 정치계에 진출할 수 있어 민주주의 발전에 기여하게 된다. 그러나 소수정당의 정치계 진출로 정국이 혼란해진다는 단점이 있다. 현재 우리나라는 소수정당의 정계진출을 돕는다는 취지로 정당명부식 비례대표제를 도입하고 있다. 일부 부적격한 비례대표 국회의원으로 인해 국민들로부터 비례대표제가 비판을 많이 받고 있지만, 소수자 보호와 다양한 계층을 대표하는 비례대표제는 우리 사회의 다원화를 위해 꼭 필요한 제도라 생각한다.

이를 위해서는 비례대표 국회의원에 대한 정당 공천이 공정하게 이루어져야 하며, 그 선결조건으로 정당 내 민주화가 절실하다고 할 수 있다. 정당 내 민주화가 이루어지지 않으면 민주주의의 가치를 실현하는 정당이 오히려 민주주의의 파괴자가 될 수 있기 때문이다.

그리고 선거제도와 관련하여 주의해야 할 점은 소선거구제, 중대선거구제, 비례대표제가 우리나라의 고질적인 지역주의 병폐와는 유의미한 관계가 없다는 점이다. 우리나라의 지역주의는 군사정권에서 장기집권을 위해 정치적으로 활용해 왔던 측면이 크다.

개인적으로 지역주의를 극복하기 위해서는 대통령 선거에 있어 전국적인 득표율로 당선자가 결정되는 현행 방식보다 우리나라 정서와는 잘 맞지 않지만 미국 대통령 선거 방식이 좋다고 생각한다. 미국의 대통령 선거 방식은 전국적인 득표율이 아닌 지역에서 1표라도 이긴 후보가 그 지역의 선거인단을 다 가져가는 승자독식 방식으로 전체 선거인단을 많이 확보하는 쪽이 승리하는 구조이다.

이를 우리나라 대통령 선거에 대입한다면 경상도와 전라도 양 쪽에서 몰표가 나와 봐야 전체 선거에 영향을 주지 못한다. 51프로로 이기나 99프로로 이기나 가져가는 선거인단 숫자는 같기 때문이다.

결국에는 인구비례에 의해 수도권에서 승리한 후보가 많은 선거인단을 가져가게 되어 승리하게 되는 것이다.

이렇게 선거제도를 변경하게 되면 지역주의에 의해 몰표로 투표해 봐야 별로 의미가 없기 때문에 유권자들이 인물이나 정책 등 다양한 요소를 고려하여 투표를 하게 되고, 이러한 경향이 오랜 기간 동안 지속되다 보면 지역주의의 벽이 제도적으로 허물어질 것으로 본다.

진정 민의를 반영하는 선거제도는 그 나라가 처한 정치적 상황이나 시대적 소명, 국민들의 열망을 종합적으로 고려해야 한다고 생각한다.

6) 근대국가와 현대국가의 특징

근대국가는 시민혁명을 통해 성립된 입헌주의 국가로서, 설립 주체인 시민계급은 시민의 자유를 무엇보다 중요시하였기 때문에 이러한 시민의 자유를 침해하는 국가의 권력을 죄악시했다. 그래서 국가권력을 제한하기 위해 자연권사상, 기본적 인권, 권력분립, 의회주의 등을 주창하게 된다.

그러므로 이때의 권력의 축인 시민은 오늘날의 시민의 개념이 아니라 '부르주아'를 뜻하므로, 아직 일반 평민의 의사가 제도권에 반영된 것은 아니었다.

그리고 국제적으로 근대국가의 특징은 '국가주권 절대의 원칙'이 통용된다는 데에 특징이 있다.

2차 대전 이후, 근대국가에서 소수의 부르주아의 의사만 중요시된 것과는 달리, 현대국가에서는 그동안 소외받았던 다수의 여성, 노동자들의 의식성장으로 보통선거권, 사회적 기본권 등이 인정하게 된다.

이로써 현대국가는 소외받는 자들의 권리를 보호해 주는 기본권의 보호자로서의 역할을 하게 되며, 적극적으로 사회형성 활동을 하게 된다.

국제적으로 현대국가의 특징은 '국가주권 절대의 원칙'의 적용이 완화되어 국제사회의 보편적 인권인(환경, 노동, 인간의 존엄성 등)을 준수하고 국제기구의 결정이나 국제법을 준수해야 하는 특징이 있다.

이에 따라 국제법에 위반되는 행위를 국가가 하게 될 경우는 국제기구나 국제법에 의해 국가의 주권이 제한될 수 있는 것이다.

4

헌법과 정치

4
—
헌법과 정치

1) 근대 시민혁명의 개괄적 고찰

근대 시민혁명의 원인은 계몽사상, 구제도의 모순에서 비롯된 것이다. 먼저 계몽사상은 인간의 합리성을 전제로 중세시기까지의 신 중심의 사고로부터 벗어나 개인의 자유, 이성을 강조하는 사상이다.

이에 따라 근대 자유주의사상이 나타나게 되었고, 이 중 대표적 학자로 로크와 루소가 있는데 로크는 개인의 소유(생명, 재산, 자유)를 보호하자고 주장하였고, 루소는 인민주권을 내세워 모든 개인의 확장이 곧 사회이며, 그러한 결과로 각 개인은 가분된 주권을 소유한다고 보았다.

이러한 사상가들의 자유주의적 사고와 천부인권사상은 절대주의 시대만 하더라도 인정되기 힘들었던 개인의 자유와 평등을 인정하게 되어 사회로 파급하게 된다.

물론 이런 파급 과정이 있기 위해서는 인쇄술의 발달이 필요했고, 마침 이때 구텐베르크의 금속활자가 발명되어 이런 계몽사상이 사회 곳곳에 전달이 된다.

시민혁명의 대표적인 것으로 프랑스혁명이 있는데, 이는 이러한 계몽사상과 자유주의적 사고가 전파된 때에, 프랑스 절대왕정은 국민들을 수취하고, 이에 반해 권리는 인정하지 않았기 때문에 민중들의 불만이 폭발하여 일어난 혁명이다.

이것을 구제도의 모순이라고 하는데, 이는 1신분과 2신분인 성직자와 귀족은 권리는 누리되 의무는 없고, 3신분은 권리는 없되, 의무만 있는 모순적 상황을 지칭하는 말이다.

프랑스의 마지막 왕이 루이 16세와 사치스럽기로 소문난 그의 부인 마리 앙투아네트가 있는데 이들은 결국 시민혁명이 일어나 왕정은 붕괴되고, 인권선언을 통해 시민은 기본적 인권을 보장받게 되니 이것이 근대 시민혁명의 시초이며, 근대 입헌주의 헌법의 근간이 되는 것이다.

물론 이때의 시민은 지금의 시민과는 다른 개념이다. 이때의 시민은 부르주아를 뜻하는 것이다. 그러므로 다수의 노동자나 여성들은 제대로 권리 인정을 받지 못했다.

그들의 권리는 현대 20세기에 와서야 보통선거권, 노동 3권 등이 인정받으면서 권리가 보장되게 되었다.

기본적으로 근대 시민혁명의 이념은 자유주의라 할 수 있다.

왜냐하면 시민혁명의 주체가 부르주아였기 때문이다. 부르주아는 자신의 생명, 재산, 자유가 보장되어야 자신들의 부와 지위를 영속할 수 있었다.

그래서 그들은 국가로부터의 자유를 주장하게 된다. 이를 소극적 자유라고 부른다.

이렇게 부르주아(시민)는 국가의 권력을 죄악시했기 때문에 어떻게 하면 그 권력을 제한할 것인가를 모색하게 되었다.

그래서 나타난 게 근대 입헌주의 헌법이며, 권력분립, 대의제도다. 이러한 사상에 기반한 것이라 할 수 있다.

2) 노블레스 오블리주

노블리스 오블리제라고 보통 얘기가 되나, 오블리주라는 표현이 정확하다.

뜻은 맞게 풀이했는데, 이러한 말이 나오게 된 배경을 알아야 한다.

노블리스 오블리주라는 단어 자체는 굉장히 좋은 말인 것처럼 보이나, 사실은 보수주의 이론가들이 즐겨 사용하는 말이다.

왜냐하면 보수주의는 인간의 불평등성을 전제로 기득권과 전통을 강조하는 사상으로 이에 따라 사회의 상층부(귀족)가 솔선수범하면 하층부는 자연스레 따라와 전체 사회가 바람직한 방향으로 나아간다는 뜻이다.

그러므로 자유주의와 민주주의가 보편적 이념으로 받아들이고 있는 현대에 와서 노블리스 오블리주라는 말을 사용하는 것은 상당히 부적절한 발언이라고 생각한다.

그럼 이에 반대되는 사상으로는 루소와 같은 공화주의자의 사상이 있다.

　루소는 지배계급의 의사보다는 개개인의 의사의 확장이 곧 사회이며, 이를 통해 개개인은 가분된 주권을 소유할 수 있다고 보고 있다. 그러므로 개인은 평등한 존재이며, 사회에 각자 배분된 의사를 표출할 수 있는 능동적 존재라고 할 수 있다.

　그러므로 이런 사상하에서 국민이 직접 공론장을 통해 자신의 의사를 표출하는 직접민주주의와 참여민주주의가 가능하게 되어 즉 사회상층부가 아닌 일반 개개인이 자주적으로 공적결정을 할 수 있게 된다.

　만약 이렇게 된다면 노블리스 오블리주는 의미가 없는 말이 되어 버린다.

　제가 생각할 때는 노블리스 오블리주의 반대개념은 루소의 인민주권 사상이라고 생각한다.

3) 마키아밸리를 어떻게 볼 것인가?

　마키아밸리는 상당히 영역을 구분하기가 모호한 학자이다. 그래서 그자를 자유주의자나 공화주의자 이렇게 딱지를 붙이면 다른 이들로부터 많은 비판이 존재하게 된다.

　그만큼 그 사람에 대한 정치학자들의 이견이 많기 때문이다.

　그러므로 마키아밸리를 잘 이해하기 위해서는 마키아밸리가 살았던 시대적 배경을 잘 이해하는 것이 중요한 일이 된다고 할 수 있다.

　마키아밸리는 극심한 국가적 위기에 있을 때 군주를 보좌하던 신하였다. 그는 이러한 극심한 국가적 위기에서 군주나 지도자가 정도에 의한 정치를 하는 것을 보고 많은 것을 느꼈다고 한다. 그 결과로 그의 나라는 망하게 되었고, 마키아밸리는 이러한 경험을 바탕으로 《군주론》을 쓰게 되었다.

그러므로 《군주론》이 얘기하고자 하는 내용은 "군주(지도자)는 뱀과 같은 교활함과 사악함을 지녀야 한다."라는 통치술로 귀결된다고 볼 수 있다.

이러한 통치술이 도덕적으로는 바람직하지 않지만 사회 전체적으로 봤을 때는 국가적 위기를 극복할 수 있으므로 바람직하다는 논리이다.

그리고 이와 더불어 군주(지도자)는 국민을 때때로 속일 줄도 알아야 된다고까지 이야기한다.

이러한 사상을 마키아밸리즘이라고 한다. 좀 다른 사람들로부터 많은 비난을 받을 수 있는 소지를 충분히 갖고 있다고 할 수 있다.

그의 사상을 액면 그대로 받아들이면 안 된다. 왜냐하면 그는 기본적으로 공화정을 옹호했고, 자유주의자로 대체적으로 분류되기 때문이다. 그렇다면 그런 그가 어떻게 그런 말을 할 수 있을까?

그것은 바로 마키아밸리가 살았던 특수한 시대적 상황 때문이라 볼 수 있다.

만약 마키아밸리가 살았던 시대가 극심한 혼란기가 아닌 평화기였다면 마키아밸리는 군주론에서 말한 사악함과 교활함 속임수를 통치술로 강조하지 않았을 것이며, 법이나 제도, 덕치를 강조했을지도 모른다.

4) 신자유주의와 신보수주의

신자유주의와 신보수주의는 신우파에 속하는 이념으로 개인의 자유와 국가의 개입이 최소화된 '아담 스미스와 로크 시절로의 회귀'를 슬로건으로 내세우고 있는 이념이다.

보통 신자유주의와 신보수주의는 같은 개념으로 쓰인다고 알려져 있는데 요즘에는 구별해서 사용하는 것이 일반적이다. 왜냐하면 자유주의와 보수주의의 개념자체가 틀리기 때문이다.

먼저 자유주의는 인간의 합리성(이성)과 개인의 자유를 중요시하며, 이에 방해되는 국가의 권력을 죄악시하여 이를 최소화하여야 한다는 테제를 담고 있다. 이러한 결과로 권력분립, 자유시장경제질서, 자연법사상, 천부인권사상을 주장하게 된다.

이에 반해 보수주의는 전통을 중시하며 인간의 합리성에 대해서는 부정적으로 생각하므로 사회의 '경로의존성'을 통한 유기체적인 공동체를 중요시 여긴다. 이러한 결과로 인간의 이성에 바탕을 둔 개혁적인 제도를 부정하며, 기존의 지배질서를 옹호하게 되므로 기득권옹호논리라고 비판을 많이 받고 있다.

이렇게 자유주의와 보수주의는 개념이 틀리므로 신자유주의와 신보수주의의 개념도 구별을 해야 한다.

먼저 신자유주의(자유지상주의)는 경제, 사회, 정치, 문화 모든 영역에서의 무제한적인 자유를 주창하게 된다. 그리고 이러한 모든 영역에서의 국가의 개입은 최소화되어야 한다는 '작은 정부'를 슬로건으로 내세우게 된다.

그러므로 신자유주의는 국가의 비용구조를 개선하고, 작고 효율적으로 정부를 혁신하여 국가의 경쟁력을 최고의 우선가치로 여기도록 사회에 헤게모니를 강조하게 된다.

이러한 결과로 정부는 감세정책, 시장경제질서 절대 옹호, 복지 축소, 능률성 확대 등의 정책을 시행하게 되어 사회는 2대8 사회가 되고, 이에 따른 양극화 현상이 발생하게 된다. (평등의 의미를 기회의 평등으로만 인식함-참고사항으로 민주주의는 조건의 평등을 강조함.)

신자유주의는 이러한 경제적 영역뿐만이 아닌 사회, 정치, 문화 모든 영역에 있어서도 시장원리가 적용되어야 한다고 강력하게 주장하게 된다.

대표적인 학자로 밀튼 프리드만, 하이에크 등 신고전학파 경제학자들이 주류를 이루고 있다.

그다음 신보수주의는 경제적인 영역에서의 자유지상주의 측면은 신자유주의와 같다. 그래서 많은 사람들이 이러한 면만 보고 신보수주의와 신자유주의가 같은 개념이라 생각하고 있다.

그러나 신보수주의는 신자유주의와는 달리 사회, 정치, 문화영역에서는 자유보다는 그 사회에 존재했던 전통, 질서를 강조하게 된다. 이러한 결과로 국가는 경제영역에서는 최소로 개입하게 되나, 다른 사회적 영역에 있어서는 종교교육 강화, 국가관 강조 등 국가의 개입이 초절정에 이르게 된다.

이러한 것을 신보수주의는 '작지만 강한 정부'라는 다소 모순된 슬로건으로 내세우고 있는 특징이 있다.

5) 민주주의에 대한 포괄적 이해

민주주의의 가장 유명한 정의는 '다수 인민의 지배'이다. 민주주의를 가장 설득력 있게 설명할 수 있는 정의다.

그러므로 민주주의는 어떠한 '진리'를 추구하는 체제는 아니다. 어떠한 공적 사안이 있을 때, 확실하고 객관적이고 올바른 '진리'를 채택하는 것이 아니라, 다수 국민의 보편적인 상식에 근거한 하나의 대안을 선택하는 것이 바로 민주주의다.

그러므로 민주주의는 바로 '상식'에 의한 정치를 추구하는 이념이라고도 말할 수 있겠다. 이는 다수의 의사가 무오류, 무편견할 것이라는 믿음에 근거한 것이다.

그러므로 민주주의에서는 공적 영역에서 구성원 간의 갈등이나 사회 문제에 대한 쟁점이 발생할 시에 다수의 의사를 가장 잘 반영하는 '다수결의 법칙'에 의해 의사결정을 하게 된다.

직접민주주의는 루소의 '인민주권'사상에 근거한 것으로, 개인의 외연의 확장이 곧 사회라고 보아 각 개인이 가분된 주권을 소유한다고 보는 사상이다. 이러한 결과로 주권은 대표될 수는 없으므로, 국민 개개인이 직접 공적영역에서 의사결정을 해야 그것이 가장 민주주의다운 것으로 본다.

이러한 직접민주주의 요소에는 국민투표, 국민소환제, 주민투표 등이 있다. 여기서 우리 법 체계상 인정되는 것은 국민투표, 주민투표만이 인정된다.

이에 반해 간접민주주의는 직접민주주의가 물론 민주주의의 이상에 가장 잘 부합하지만 현실적인 제약(시간, 공간, 인구 등)으로 인해 근현대사회에서는 어쩔 수 없이 국민이 대표를 뽑아 대표의 의사에 의해 공적결정이 이루어져야 한다는 '주의'다. 이러한 '주의'에 따르면 주권은 대표될 수 있으므로, 국민의 대표인 국회의원은 국민의 의사에 기속을 받지 않고, 국익과 그들의 직업적 양심에 근거해 판단을 할 수 있다(무기속 위임). 그러므로 이때의 국민은 직접민주주의의 인민(국민)이 유권자의 총체로서의 실질적인 국민인 것과는 달리, 이념상의 국민(추상적인 국민)으로서의 성격밖에 갖지 못한다. 그러므로 국회의원은 이러한 추상적인 국민으로 이루어진 전체 국민의 대표가 되는 것이다.

우리 헌법은 기본적으로 간접민주주의(대의제 민주주의)를 채택하고 있다. 그러나 간접민주주의에서 발생되는 문제점을 보완하기 위해 국민투표와 같은 직접민주주의와 같은 요소도 도입하고 있다만, 직접민주주의는 기본적으로 우리 헌법이 채택하고 있는 '주의'는 아니라 할 수 있다.

6) 사회계약론

사회계약론이란 기본적으로 자유주의적 사고로부터 나온 것이다. 자유주의란 개인의 자유를 무엇보다 중시하고, 국가권력을 죄악시하므로 국가라는 존재에 대해 '필요악'으로 생각한다.

그러므로 이들이 '국가'라는 것을 설명할 때 '사회계약론'이라는 이론을 빌릴 수밖에 없다. 결론적으로 말해 국가라는 것은 개인의 자유와는 상반된 존재이긴 하지만 시민의 최소한의 안전과 자유를 위해 필요한 존재인 것이다.

그러므로 '사회계약론'이란 시민들이 최소한의 안전과 자유를 보장받기 위해 자신들의 권리를 국가에 위탁하고 복종하는 대신 국가는 시민들의 최소한의 권리를 지켜 준다는 내용의 계약을 뜻하는 것이다. 이때 위탁이란 용어는 주로 로크가 사용했고, 복종이란 용어는 홉스가 사용했으나, 기본적으로 '사회계약론'이라는 점에 있어서는 차이가 없다.

다만 사회계약을 하는 방식이나 절차에 차이가 있을 뿐이다.

5

헌법과 우리의 삶

5

헌법과 우리의 삶

1) 기본권과 인권의 차이

사람의 권리라고 하면 보통은 '인권'이라는 단어를 많이 쓴다. 시민단체 중에서도 그런 분야에서 활동하는 단체를 '인권단체'라고 부르지 '기본권단체'라고 부르지는 않는다. 사람의 권리가 침해되었을 때 우리는 통상 인권이 침해되었다고 하는 반면, 기본권이 침해되었다는 표현을 잘 쓰지 않는다.

그렇다면 인권과 기본권은 어떠한 차이가 있을까?

일단 단어의 정의만 놓고 보면 인권은 사람으로서 가지는 당연한 권리이다. 기본권은 헌법에서 국민이 가지는 기본적인 권리이다.

이렇게 보면 인권과 기본권은 유사한 단어라는 느낌이 든다. 실제로도 그렇다.

비슷한 단어지만 우리가 이해할 때는 인권은 헌법 이전에 존재한 천부적인 권리이고, 기본권은 헌법이라는 체계 내에서 인정되는 권리라고 생각하면 좋겠다.

왜냐하면 헌법재판소 판례나 헌법 교과서를 보면 기본권이라는 단어가 인권이라는 단어보다 수천 배는 더 많이 사용되기 때문이다.

인종차별 없는
행복한 세상

대한민국 국민의 인권이 기본권이다.

그리고 우리 헌법 제10조에서는 "모든 국민은 인간으로서의 존엄과 가치를 가지며, 행복을 추구할 권리를 가진다. 국가는 개인이 가지는 불가침의 기본적 인권을 확인하고 이를 보장할 의무를 진다."라고 규정하고 있다. 여기서 "인권을 확인하고"라는 말에 집중을 할 필요가 있다.

"확인한다"라는 어구에서 인권은 헌법 이전에 천부적으로 존재했던 것인데 헌법에서 원래부터 존재했던 인권을 확인하는 것으로 해석이 된다.

그러므로 인권은 천부적인 권리이고, 기본권은 인권을 헌법이라는 체계 내에서 제도화한 권리라 볼 수 있다.

2) 죄형법정주의

죄형법정주의는 범죄와 형벌에 관한 것은 국회가 입법한 법률의 규정에 근거해서 판단해서 권리의무관계(법률관계)를 형성해야 한다는 원칙이다. 이에 따른 첫 번째 파생원칙으로 관습형법금지의 원칙은 국회가 입법한 법률인 형식적 법률, 즉 성문의 법률이 아닌 관습형법은 금지된다는 원칙이다.

두 번째는 명확성의 원칙으로 이러한 법률은 죄와 형벌이라는 국민에게 있어서 가장 침익적인 처분을 규정하고 있기 때문에 누구나 범죄의 구성요건을 알 수 있어야 하고, 이를 위반 시 어떤 식으로 처벌을 받는다는 것까지 명확하게 알도록 법에서 규정되어야 한다는 원칙이다.

세 번째는 유추해석금지의 원칙으로 민사관계나 행정관계의 법률관계에서는 법관이 헌법과 법률뿐만 아니라 관습법이나 조리(일반적인 상식)에 의해서도 판단을 할 수 있기 때문에 법에 규정이 명확하게 되어 있지 않은 부분일지라도 법관의 직업적 양심에 따라 유추해석이 가능하다.

그러나 형사관계에서는 죄형법정주의가 적용되기 때문에 법관이 자의적으로 관습법이나 조리를 통해 판단을 할 수 없으며, 오로지 국회가 제정한 형식적 법률에 의해서만 엄격한 해석이 가능하므로, 유추해석은

금지된다는 원칙이다.

그리고 네 번째는 형벌 불소급의 원칙으로 형사관계에서는 징역이나, 벌금 등 침익적 처분이 국민에게 행해지므로, 행위 시의 법률에 근거해서 피의자를 처벌할 수 있지, 과거의 행한 범죄에 이르기까지 현재에서부터 거꾸로 소급해서 처벌할 수 없다. 왜냐하면 과거에는 범죄구성요건에 포함되지 않았던 것이 장래인 현재에 범죄구성요건에 포함되어 이를 과거에서부터 현재까지 모두 다 소급해서 처벌한다면 이는 비록 정의실현에는 부합할지 모르나, 범죄자 개인에게는 자신이 그 당시 처벌받지 않을 것이라는 신뢰가 무너져 신뢰보호원칙에 위반될 소지가 많기 때문이다.

마지막으로 적정성의 원칙이란 형사관계에서의 형벌은 당사자에게 가장 침익적 처분이므로, 비례성에 맞게 적정하게 행사되어야 한다는 뜻이다.

3) 헌법에서 바라는 공무원

필자도 공직에서 근무하고 있지만 공무원 그리고 더 넓게 공직자는 어떤 마인드를 가지고 근무를 하는 것이 옳은 것일까?라는 질문을 수없이 던지곤 한다. 그러나 어려울 것 같지만, 이러한 질문에 대한 가이드라인은 헌법에 명시되어 있다고 생각한다.

헌법 제7조 제1항에는 "공무원은 국민 전체에 대한 봉사자이며, 국민에 대하여 책임을 진다."라고 규정되어 있다. 헌법 제7조 제1항을 해석하는 데 있어서 포인트는 공무원과 봉사자이다.

공무원은 국민 전체에 대한 봉사자이다.

이때의 '공무원'은 헌법학계에서는 최광의의 '공무원'으로 본다. 우리가 흔히 알고 있는 직업공무원뿐만 아니라 정무직, 별정직, 고용직, 기능직을 포함하여 교통할아버지와 같은 '공무수탁사인'도 포함되는 광범위한 의미의 '공무원'이다.

결국 나랏돈으로 나랏일을 하면 국민에 대해 '봉사자'가 되어야 한다는 뜻이다. 봉사라는 것은 어떠한 사적 이익을 바라지 않고 공동체의 이익을 위해 일하는 것으로 공직자는 전술한 자세로 근무를 하여야 옳다.

그런 관계로 많은 공무원들이 별도의 초과수당을 받지 않고 산불 진화 작업이나 각종 재난현장에 투입되고, 코로나19 관련 방역업무에 고군분투하고 있다. 이러한 모습이야말로 국민과 우리 헌법이 바라는 '공무원'의 참모습이라 생각한다.

4) 똑같이 대우하는 것이 평등?

요즘 젊은 세대는 잘살고, 출세하는 것보다 공정과 평등의 가치를 더 중요시 여기는 경향이 있다. 예전의 산업화시대처럼 열심히 노력한다고 해서 부유해지고, 신분상승이 이루어질 수 없는 작금의 슬픈 현실 때문일 수도 있다. 그렇다면 공정과 평등이란 도대체 무엇인가? 어원 그대로 무조건 똑같이 대우하는 것이 평등한 건지 의문이 든다.

사실 '평등이란 무엇인가?'라는 주제는 '정의란 무엇인가?'라는 주제처럼 두꺼운 책으로도 설명하기 힘든 철학적인 논제이기도 하다.

그러므로 우리가 일상생활에서 불이익이나 불편을 당했을 때 공정과 평등의 가치가 훼손당했다고 상대방에게 일방적으로 주장하는 것은 자칫 상대방이 가진 평등의 가치를 내 자신이 훼손할 수도 있다는 것을 깨달아야 한다. 즉, 함부로 공정과 평등의 가치를 들어 자신의 권리를 주장해서는 안 된다는 것이다.

평등은 다른 것을 다르게 인정하는 것도 의미한다.

이처럼 평등이라는 것은 설명하기 힘든 가치이지만 우리 헌법 제11조에서 이를 명시적으로 규정하고 있다. 그리고 헌법재판소의 판례에서 헌법 제11조의 '평등의 원칙'이 도대체 무엇인지에 대해서도 설명하고 있다. 여기서는 우리 헌법에서 얘기하는 '평등'이 무엇인지 간략하게 음미하고자 한다.

헌법재판소의 판례에 따르면 '평등의 원칙'은 '같은 것은 같게, 다른 것은 다르게' 대우하는 것이라 판시하고 있다. 그러므로 무조건 똑같이 대우하는 '절대적 평등'은 우리 헌법 체계하에서는 받아들이기 힘든 '평등'

이다. 아니, 오히려 '불평등'이라고 봐야 한다. 왜냐하면 무조건 똑같이 대우하는 '절대적 평등'은 '다른 것도 같게' 대우하기 때문에 결국 '차별'인 것이다.

'같은 것은 같게, 다른 것은 다르게'는 우리 헌법에서 규정하고 있는 '평등의 원칙'이 '상대적 평등'을 뜻하는 것으로 해석해야 한다.

예를 들어 회사의 임원과 직원의 급여 차이가 많이 나는 것이 일반적인데 직원들이 평등한 급여를 원한다고 임원과 급여를 동등하게 요구를 했다면 임원과 직원은 본질적으로 다른데 같게 대우를 해 달라고 요구한 것이 되므로 '다른 것을 같게'한 경우에 해당하므로 우리 헌법상의 '평등의 원칙'에 반하는 것이다.

그러므로 전술한 바와 같이 나의 권리주장을 위해 평등을 일방적으로 요구하면 본의 아니게 상대방이 가진 평등의 가치를 훼손하는 것이 되는 것이다.

5) 사형제도의 운명

사형제도는 국가의 형벌권으로 사람의 생명을 인위적으로 절단하는 제도이다. 그 역사는 기원전 20세기 이전으로 갈 만큼 유구하다. 우리나라는 형법 제41조를 비롯하여 국가보안법, 군형법 등에서 사형제도를 규정하고 있다. 하지만 1997년 12월 30일 23명의 사형수를 집행한 이래 지금까지 사형을 집행하지 않아 국제엠네스티에서는 '실질적 사형제 폐지국가'로 분류하고 있다. 그러나 언제든지 법무부 장관의 명령으로 사형을 집행할 수 있는 국가이기도 하다.

사형제도는 가치관과 신념에 따라 찬반논쟁이 거세다. 필자도 대학 시절 사형제도와 관련하여 찬반토론을 한 적이 있는데 간통죄 찬반토론 보다도 더 뜨거웠고, 타협이 불가능한 논제였다는 기억이 있다.

우리나라는 사형제도는 존속하지만 사형제 폐지국가로 분류되고 있다.

사형제도를 찬성하는 쪽에서는 피해자 유족의 법감정, 강력범죄에 상응하는 처벌 등을 논거로 제시하고 반대하는 쪽에서는 범죄예방효과가 거의 없다는 점, 인권침해, 오판가능성 등을 이유로 하고 있다.

반대하는 쪽에서 사형제도에 대해 범죄예방효과가 거의 없다고 하면 찬성하는 쪽에서 범죄예방효과가 거의 없다는 증거가 있느냐?, 사형제도를 폐지하는 것도 범죄예방효과가 없다는 식으로 말꼬리를 잡고 거세게 반박한다.

그러므로 이 문제는 정말 답이 없다고 생각하며 결국에는 우리 헌법재판소의 생각이 어떠한지가 중요하다고 본다.

헌법재판소는 두 차례에 걸친 사형제도에 관한 위헌소원 사건에서 합헌결정을 하였다. 합헌결정의 주요 논거로 국민의 법감정상 사형제도가 궁극의 형벌로써 그 위하력이 강한 만큼 범죄예방효과가 크고, 무기징역만으로 사형의 일반 예방적 효과를 대체할 수 있다는 주장도 가설에 불과하다는 점을 들었다. 그리고 사형판결의 오판 가능성으로 인한 문제는 형사사법 체계 전반에서 발생하는 문제이지 사형제도가 있기 때문에 발생하는 문제가 아니라는 것을 명백히 하였다.

개인적으로는 사형제도를 찬성하기 때문에 헌법재판소의 견해가 타당해 보인다. 그러나 실무적으로는 사형집행이 이루어지지 않아 사형선고 자체도 점점 줄고 있다. 그 이유로는 판사들도 이미 '실효성을 잃은 제도'로 생각하고 있기 때문이다.

형사소송법에는 사형선고 후 6개월 이내 사형집행을 법무부 장관이 명해야 한다고 규정하고 있는 만큼 사형집행이 반드시 이루어져야 하고, 이를 토대로 사형선고도 정상적으로 실행되어야 한다. 왜냐하면 가해자의 인권보다는 피해자와 그 가족의 인권이 더 중요하기 때문이다.

6) 대통령 탄핵심판과 민주적 정당성

「대통령 탄핵심판이 민주적으로 가능한 이유」

우리 헌정사에서 대통령 탄핵심판은 두 번이 있었다. 한 번은 헌법재판소에서 기각이 되었고, 한 번은 인용이 되어 대통령이 파면되었다. 헌법의 탄핵심판은 이렇게 대통령 같은 고위공직자의 위헌, 위법 행위에 대해 일반 형사절차나 징계절차로 브레이크를 걸 수 없을 때 필요한 것으로 헌법수호를 위한 장치이다.

우리 국민들은 대통령은 다수의 국민이 선출했고, 국가원수로서 최고 지도자라는 정서가 있다. 그런 관계로 헌정사상 첫 번째 탄핵심판 당시 국민들은 큰 충격을 받았다. 어떻게 국민이 뽑은 대통령을 국회의원들과 헌법재판소 재판관들이 탄핵을 할 수 있는가?라는 그 생각이다.

그러나 그것은 명백히 잘못된 생각이다. 히틀러도 독일 국민의 대다수가 선출한 사람이기 때문이다. 국회가 대통령을 탄핵소추를 할 수 있는 것은 물론 우리 헌법 제65조 제1항에 명시되어 있어 가능하다 할 수 있지만 '민주적 정당성'이라는 관점에서도 살펴봐야 할 것이다.

어떻게 국회의원들이 국민 대다수가 뽑은 대통령을 탄핵소추할 수 있는가?라는 명제는 민주적 정당성이 강한 대통령을 어찌 민주적 정당성이 낮은 국회의원들이 탄핵할 수 있느냐에 문제로 귀결된다.

결론부터 말하자면 명백히 가능하다.

헌법 제65조 제2항에는 대통령을 제외한 고위공직자의 경우 국회 재적 과반수의 찬성이, 대통령의 경우에는 국회 재적 2/3 이상의 찬성이 있어야 탄핵소추가 가능하다고 규정되어 있다.

거꾸로 읽는 헌법

국회는 개별 지역구에서 민주적인 선거로 뽑힌 국회의원으로 구성된다. 대통령 탄핵소추는 이런 국민 대표인 국회의원들의 2/3 이상의 찬성이 있어야 가능한 것이다. 의석분포상 2/3 이상의 찬성이 나오기는 상당히 어렵기 때문에 거의 불가능한 일인 것이다. 민주적 정당성이 2/3이면 퍼센트로 환산하면 67%가 된다.

역대 대통령 중 67%보다 더 높은 국민 지지율로 당선된 사람은 없으며, 앞으로도 없을 가능성이 높을 것을 감안해 봤을 때 국회 재적 2/3 이상의 찬성으로 대통령을 탄핵소추하는 것은 '민주적 정당성'의 관점으로 봤을 때 당연한 것이다.

이 외에도 탄핵심판은 헌법 제65조 제1항에 따라 '직무집행에 있어서 헌법이나 법률을 위반한 때'로 규정하고 있기 때문에 정치적 무능, 경제 실정, 정책 실패 등 정치적 이유로는 할 수 없고, 대통령 탄핵심판의 경우에는 헌법재판소의 판례에 따라 헌법이나 법률을 위반한 경우라도 중대한 위반이어야 탄핵심판 인용이 가능한 제한이 있다. 시간상 한계로도 현직에 있을 때의 사유로만 가능하다.

7) 수도 이전

「초유의 관습헌법 이론」

대한민국의 수도는 서울이다. 서울을 사람들은 정치·경제·사회·문화의 중심지라고 표현한다. 그런 서울을 2004년에 '신행정수도의 건설을 위한 특별조치법'으로 지금의 세종시로 이전하려고 국회와 정부에서 추진하자 그 특별조치법에 대하여 헌법재판소에 헌법소원을 하게 되는 초유의 상황이 벌어졌다. 결과는 위헌으로 결론이 나서 '신행정수도의 건설을 위한 특별조치법'은 폐기되었다. 결과도 결과지만 결과를 도출하는 논거 또한 이색적이라 많은 관심을 받았다.

그때 등장한 이론이 그 유명한 '관습헌법'이다. 대한민국의 수도가 서울이라는 것이 '관습헌법'이라는 이유로 그 수도를 이전하는 법률을 위헌이라 판시한 것이다.

서울이 수도인 것은 조선시대 이래의 관습헌법이다.

그 판결이 등장했을 때 '관습헌법'의 논리를 억지이자 해괴하다고 많은 국민들이 비판하였다. 특히 수도 이전을 찬성했던 측에서 그러하였다. 그 당시 법조인 출신 정치인조차도 '처음 듣는 이론'이라고 성명을 내기도 하였다. 필자는 수도 이전을 정책적으로는 찬성하나 여기서는 헌법적으로만 평가하도록 하겠다.

성문헌법 국가라 하더라도 관습헌법은 이론적으로 있는 것이 당연하다. 왜냐하면 헌법도 법이기 때문이다. 모든 법에는 성문법과 관습법이 이론적으로 있다. 민법상 '분묘기지권'이 관습법의 대표적 예이다. 형법은 죄형법정주의 원칙상 관습형법이 금지된 것이다. 있는데 금지된 것과 태초부터 없는 것은 이론적으로 차이가 있는 것이다.

관습법은 일반적으로 관행이 반복적·계속적으로 있고, 법적 승인과 확신이 있으면 성립된다는 일반론이 있다.

헌법재판소는 조선시대 헌법이라 할 수 있는 《경국대전》의 '한양' 수도 규정을 차용하여 '관습헌법'의 존재를 인정하였다. 서울은 '수도'라는 뜻을 지닌 순수 우리말이다. 즉 서울이라는 말 자체가 '수도'라는 것도 논거로 제시하였다.

역시 헌법재판소는 관습헌법이 인정되는 요건도 관습법의 일반 요건을 포함하여 3가지 정도 더 강화하여 엄격하게 제시하였다. 관행과 반복성, 항상성, 명료성, 국민적 합의이다. 이 모든 조건을 충족하여 관습헌법이 성립된다고 보았다. 그리고 관습헌법의 지위를 성문헌법과 동등한 효력으로 보아 수도가 서울이라는 관습헌법을 폐기하기 위해서는 성문헌법을 개정하여야 가능하다고 판시하였다. 헌법 개정이 어렵다는 것을 감안했을 때 수도 이전은 사실상 물거품이 된 것이다.

사실 관습헌법 이론은 전술한 법조인 출신 정치인이 이야기한 것처럼 이 세상에 처음 나온 해괴망측한 이론이 아니다. 독일 같은 국가에서는 예전부터 판례상 인정되어 왔던 이론이다.

자신이 생각한 것과 다른 결론이 난 정책을 정책적으로 비난하는 것이야 자유지만 법적으로 왜곡하거나 사실 왜곡을 하는 것은 자제되어야 한다고 생각한다.

사견으로 헌법재판소의 '관습헌법' 이론은 헌법재판소의 그간 연구 역량이 상당히 높아졌다는 것을 의미하며, 헌법학의 질적 발전에 큰 기여를 했다고 본다.

8) 행복추구권의 헌법적 의미

'행복추구권', 굳이 뜻을 설명하지 않아도 단어 자체로 그 의미를 알 수 있다. 뜬구름 잡는 권리로 보이지만 특이하게도 우리 헌법 제10조에 규정되어 있다. 뭔가 딱딱한 헌법에도 감성이라는 게 보인다. 그 감성이 최초로 규정된 것이 제8차 개정헌법, 전두환 군사정권의 '제5공화국 헌법'이라는 것도 이색적이다. 그런 관계로 행복추구권이 제8차 개정헌법, 제5공화국 헌법에서 최초 도입했다는 것이 고시나 공무원시험에서 출제가 된 적이 간혹 있었다.

군사정권에서 '행복추구권'이 최초로 도입된 것도 신기하지만 우리를 포함한 대륙법계 국가에서 도입된 것도 특이하다. '행복추구권'은 영미법계 국가에서 주로 인정되는 권리이기 때문이다.

'행복추구권'은 일반적 행동 자유권을 주로 뜻한다. 쉽게 말하자면 하고 싶은 거 자유롭게 마음대로 하는 것이다. 그러므로 '행복추구권'은 헌법에 규정이 되어 있지 않더라도 당연히 누리는 자연권적 성격을 가진다고 볼 수 있다.

9) 기본권의 서열
「이중 기준의 원칙」

헌법에 기본권 규정은 제10조에서 제36조까지 규정되어 있다. 크게 자유권, 평등권, 사회권, 참정권, 청구권으로 나뉜다. 기본권은 헌법에서 국민의 기본적 권리로 보장하고 있는 것이라 다 중요하다고 볼 수 있는데 기본권의 종류에 따라 중요도에 있어서 차이가 있다.

헌법소원과 같은 헌법재판을 하다 보면 기본권 간의 충돌문제가 있다. 그리고 기본권과 공익 간의 충돌문제도 있다. 이때 기본권의 종류에 따른 서열에 따라 헌법재판의 결과가 결정되는 경우가 많다.

예를 들어 국민건강증진법시행규칙 제7조에 '금연구역의 지정'이 있는데 이 조항과 관련하여 흡연자가 자신의 기본권인 '흡연권'이 침해되었다는 이유로 헌법소원을 제기한 경우다. 실제로도 이러한 사건이 있었다.

헌법재판소는 흡연권이 사생활의 자유에 해당하는 기본권으로 파악했다. 하지만 이에 대응하는 혐연권은 사생활의 자유뿐만이 아닌 생명권에 해당하는 기본권으로 파악했다. 기본권의 서열상 흡연권보다 생명권에 해당하는 혐연권이 우선이므로 금연구역을 지정한 국민건강증진법시행규칙 제7조에 대한 청구인의 소를 기각하고, 합헌이라 판시했다.

기본권의 서열에 따라 위헌여부를 결정한 사례라 할 수 있다.

일반적으로 헌법재판소는 경제적 기본권에 대해서는 완화된 심사 즉 합헌성 추정을 하고, 국민의 생명, 신체와 같은 본질적인 기본권에 해당하는 자유권적 기본권에 대해서는 엄격한 심사를 한다. 이를 이중 기준의 원칙이라 한다. 그러므로 경제적 기본권이 침해된 경우에는 합헌이 될 가능성이 상대적으로 높고, 자유권적 기본권이 침해된 경우에는 위헌이 될 가능성이 상대적으로 높다고 볼 수 있다.

10) 일반적 법률유보의 뜻

처음에 헌법공부를 하면 '법률유보'라는 생소한 단어가 나온다. 다른 법학을 공부할 때는 잘 나오지 않는 단어인데 헌법에서 유독 많이 사용하는 단어이다. 그런데 단어 자체는 어려워 보이는데 실제 의미하는 바는 단순하다. 국민의 기본권을 제한할 때는 법률에 근거를 두어야 한다는 뜻이다. 이 외에 더 설명할 것은 없다.

우리 헌법에는 '일반적 법률유보' 조항이 있다. 그 유명한 헌법 제37조 제2항이다. 헌법을 공부했다고 하면 반드시 알아야 할 조항이기도 하다. "국민의 모든 자유와 권리는 국가안전보장·질서유지 또는 공공복리를 위하여 필요한 경우에 한하여 법률로써 제한할 수 있다."가 헌법 제37조 제2항의 본문인데 이를 '일반적 법률유보'라고 한다.

"국민의 기본권을 법률로써 제한할 수 있다."라고 포괄적으로 규정하여 '일반적 법률유보'라고 부르는 것이다. 이때의 법률은 형식적 의미의 법률을 뜻한다. 그러므로 명령과 조례 이런 것으로는 국민의 기본권을 원칙적으로 제한이 불가하다.

11) 공공기관 비정규직의 정규직 전환

가끔가다가 뉴스를 보면 공공기관 비정규직의 정규직 전환과 관련한

거꾸로 읽는 헌법

소식을 접할 수 있다. 그 과정에서 노사 간, 노노 간 갈등으로 국민들의 눈살을 찌푸리게 한다.

이러한 이슈를 볼 때 우리는 비정규직과 정규직의 개념을 정확하게 알고 있느냐가 중요한데 실제로 그렇지 못한 것이 현실이다.

공공기관 비정규직을 정규직으로 전환할 때 정규직의 개념은 정년이 보장되는 직을 의미한다. 그러므로 단기간 기간제 근로자를 제외한 거의 대부분의 근로자가 공공기관에서는 '정규직'으로 본다는 것이다. 그럼에도 불구하고 대부분의 사람들은 공공기관의 '정규직'은 정년보장은 물론 급여 체계나 복리후생, 승진 체계가 보장되는 완전한 '직'으로 생각하는 경향이 있다.

공공기관은 크게 일반적으로 불리는 정규직과 무기계약직으로 불리는 정규직과 기간제 근로자로 분류된다. 언론에서 나오는 공공기관 비정규직의 정규직 전환은 기간제 근로자인 비정규직을 무기계약직으로 불리는 정규직으로 전환한다는 것을 대체로 의미한다. 물론 예외적으로 일반직으로 전환되는 경우도 있다.

그러므로 사실상 따지고 보면 실질적 정규직 전환이 아닌 셈인 것이다.

정규직이라 함은 정년이 보장되는 것과 아울러 급여 체계나 복리후생, 승진 체계가 다 같이 보장되어야 하는 것이다.

그리고 전환이 될 때 항상 노노 간 갈등이 많이 발생하는 것이 '평등의 원칙'과 관련된 것이다. 비정규직과 정규직이 채용절차의 난이도상 분명히 다른데 왜 똑같이 대우하느냐는 논리다. 정규직은 필기시험을 치르고 채용이 되는 반면, 비정규직은 필기시험 없이 서류와 면접만으로 들어오는 경우가 많다. 그러므로 정규직과 달리 비정규직은 소위 말하는 뒷배경으로 들어오는 경우가 많을 수밖에 없다. 그런데 소위 뒷배경으로 많이 들어오는 비정규직이 정규직으로 전환이 되면 뒷배경이 없는 정규직이 직장에서 밀리는 웃기지도 않는 역전현상이 벌어지기 때문에 노노갈등이 벌어지는 것이다.

그러므로 헌법의 '평등의 원칙'상 공공기관 비정규직의 정규직 일괄 전환은 명백한 차별이라 생각한다. 왜냐하면 '다른 것을 같게' 대우했기 때문이다. 비정규직의 정규직 전환을 할 때는 근무경력과 직원들 간의 다면평가, 근무성적, 제한경쟁시험 등 절차를 갖춰서 선별적으로 해야 합당하다고 생각한다.

12) 두 가지의 헌법소원

위헌법률심판은 헌법재판소에서 법률의 위헌여부를 심판하는 것이고, 위헌법률심판제청이란 구체적 소송 중 법원이 위헌의 의심이 있는 법률이 있을 때 헌법재판소에 위헌법률심판을 신청하는 행위이다.

위헌법률심판에서 재판을 전제로 한다는 것은 구체적인 소송이 진행이 될 때 위헌법률심판을 할 수 있다는 의미다. 이와는 다르게 헌법소원심판은 구체적인 소송을 전제로 하지 않고도 국민의 기본권이 공권력의 행사, 불행사에 의해서 침해받았을 때 청구가 가능하다.

위헌법률심판제청신청을 법원이 받아 주면 헌법재판소에서 위헌법률심판이 이루어지는 것이고, 법원이 위헌법률심판제청신청을 기각했을 때는 당사자가 헌법재판소에 위헌법률심사형 헌법소원심판청구를 하는 것이다. 이때의 헌법소원은 일반적인 의미에서의 헌법재판소법 제68

조 제1항 헌법소원(권리구제형 헌법소원심판)이 아닌 헌법재판소법 제68조 제2항 헌법소원(위헌소원)이라 한다. 형식은 헌법소원이나 실질은 위헌법률심판과 같다.

헌법소원심판은 공권력의 행사, 불행사로 인해 국민의 기본권이 침해되었을 때 권리구제를 위해 당사자가 헌법재판소에 청구를 하는 것이고, 위헌법률심판은 재판의 전제가 되는 법률의 위헌여부를 법원(법원이 제청신청을 기각했을 때는 당사자가 위헌심사형 헌법소원을 제기)이 헌법재판소에 제청을 하여 헌법재판소가 심판을 하는 것을 의미한다.

그러므로 두 가지의 헌법소원은 헌법재판소 사건번호도 다를뿐더러 성격 자체가 본질적으로 다르므로 반드시 구별해야 한다.

13) 언론의 자유와 집회의 자유의 이중성

일반적으로 언론 출판의 자유와 집회 결사의 자유는 소극적 자유에 분류되어 왔다.

그러나 언론 출판의 자유와 집회 결사의 자유는 현대에 와서 소극적 자유의 성격뿐만 아니라 적극적 자유의 성격도 가지게 되었다.

언론 출판의 자유의 이중성

19세기에는 자유주의사상의 여파로 국가로부터의 언론의 독립을 주장하게 되었다.

이것이 바로 언론 출판의 자유의 '소극적 자유'이다. 왜냐하면 국가를 언론 출판의 자유에 있어 침해자로 인식해서 자신의 권리(언론 출판의 자유)를 방어하려는 목적을 가졌기 때문이다.

그러나 현대에 와서 거대언론매체의 등장으로 언론매체가 오히려 사인의 기본권을 침해하는 경우가 생기게 되었다. 이때 언론 보도를 통해 인격권 등을 침해받은 사인의 기본권을 국가가 보호해 줄 필요성이 생기게 되었다. 또한 언론매체 간의 법적 분쟁도 국가가 해결해 줄 필요성이 생기게 되었다. 그래서 언론 출판의 자유는 기존의 '소극적 자유'의 성격을 가질 뿐만 아니라 'Access권' 등의 '적극적 자유'의 성격도 가지게 되었다. 헌법재판소는 '언론 출판의 자유'를 '자유권, 생활권, 참정권, 청구권'적 성격을 가진 기본권이라고 판시했다. 언론 출판의 자유의 이중성을 인정한 것이다.

언론 출판, 집회의 자유는 민주주의 사회의 핵심 기본권이다.

집회 결사의 자유의 이중성

집회 결사의 자유도 본래는 국민의 정치적 행위를 방해하는 국가에 대해 시민들이 '집회 결사의 자유'를 보장받기 위해 (국가에 대해) 소극적으로 방어하는 '소극적 자유'였다.

그러나 현대에 와서 사회가 민주화되면서 국가는 집회 결사의 자유를 막기만 하는 기본권 침해자가 아닌 오히려 집회 결사의 자유라는 기본권을 실현하는 데 적절한 도움을 주는 '기본권 보호자'로서의 성격을 가지게 되었다.

그래서 기본권 주체인 국민들은 국가에 대하여 '집회 장소 이용 요구권' 등을 주장하는 등 '적극적 권리'의 성격도 가지게 되었다.

14) 노동 3권의 공공기관 직원에 대한 효력

헌법 제33조에서는 근로자의 단결권과 단체교섭권, 단체행동권 즉 노동 3권을 규정하고 있다. 공무원인 근로자는 법률이 정하는 자에 한하여 노동 3권을 규정하고 있는데 특별법으로 제한적으로 보장하고 있다. 공무원인 근로자는 단결권과 단체교섭권은 인정하되, 단체행동권은 제한되어 있다.

그러므로 공무원과 공무원이 아닌 공공기관 직원도 노동조합을 설립 및 가입을 할 수 있다.

헌법 제7조에 '공무원은 국민 전체에 대한 봉사자'라고 하는데 봉사자가 노동조합을 한다는 게 이상하기도 하다. 또한 공공기관에 과연 '노'와 '사'가 따로 있는지 그것도 의문이다. 공공기관의 장부터 말단 직원까지 모두 '노'이지, '사'는 주권자인 국민이기 때문이다.

사실 이런 의미에서 공공기관에서의 노동조합은 불필요한 것으로 볼 수도 있다. 그러나 또 다른 시각에서 보면 직장에서 일한다는 측면에서 근로자로 볼 수도 있는 것이다. 민간 기업체처럼 사장님은 없지만 상급자나 외부세력의 부당한 압력으로 기본권이 침해될 수도 있는 것이다.

그러므로 공공기관에서도 노동조합이 필요하다고 볼 수도 있는데 그렇다고 이를 민간처럼 공직자들이 법에서 인정한 당연한 권리로 인식하여 배타적으로 행사하는 것은 문제가 있다고 본다. 왜냐하면 헌법 제7조에 '공무원은 국민 전체에 대한 봉사자'라고 명시되어 있고, '사'가 주권자인 국민이기 때문이다.

공직자는 노동조합 활동과 단체협약을 할 때에도 이러한 권리를 행사할 수 있도록 묵묵히 응원과 배려를 해 주는 국민께 감사한 마음을 가져야 한다고 생각한다.

15) '경제민주화' 조항의 의미

헌법 제119조에는 상반된 내용이 있다. 제1항에는 자유시장경제를 표방하고 있고, 제2항에는 '경제의 민주화'라는 표현을 통해 소득분배와 규제를 담고 있다.

자유시장경제를 원칙으로 하되, 시장의 자율만 강조하다 보면 '시장 실패'가 일어날 수 있기 때문에 예외적으로 소득분배와 규제와 같은 '정부개입'이 필요하다는 뜻으로 해석이 된다.

그런 헌법 제119조 제1항과 제2항의 내용에 대해서는 어느 정도의 공감대가 있으나, 제2항의 '경제의 민주화'라는 표현에 대해서는 의문이 든다.

'경제민주화'를 화두로 대선공약이나 선거철마다 등장하는 단어인데 정작 그게 뭔지는 국민들에게 와닿지 않는다.

그럴 수밖에 없는 것이 '경제의 민주화'라는 단어 자체가 모순이기 때문이다.

민주주의와 민주화가 무엇인가? 전술하다시피 국민(민중)이 주인이 되는 것이다. 그러므로 정치의 민주화, 사회의 민주화는 있을 수 있다. 독재정치나 권위주의 사회에서는 국민이 주인이 아니라 권력자가 주인이기 때문에 국민이 주인이 되는 '민주화'라는 단어를 쓸 수 있다.

그런데 경제라는 것은 기본적으로 자유와 창의를 기반으로 개개인이 경제 주체로서 주인행세를 하고 있다. '시장경제'라는 단어 자체가 최고의 '민주화' 그 결정체의 산물인 것이다.

그렇다면 '경제의 민주화'는 민주화된 것을 민주화하는 것으로 그 자체가 잘못된 단어인 것이다. 헌법 제119조 제2항의 내용처럼 규제와 소득 재분배, 경제 주체와의 조화를 뜻할 의도였다면 '경제의 평등화'나 '경제의 사회화' 정도의 용어로 표현함이 옳다고 볼 수 있다.

헌법 개정 시에는 반드시 '경제의 민주화'라는 표현은 '경제의 평등화' 내지는 '경제의 사회화'로 수정되어야 한다고 생각한다.

'경제민주화'라는 논리적 모순 그 자체인 단어로 국민들에게 정책을 설명하니 매번 실패할 수밖에 없는 것이다. 정책의 슬로건과 구호가 국민들의 머리와 가슴에 꽂혀야 성공할 가능성이 있다고 본다.

헌법과 권력

6
—
헌법과 권력

1) 권력의 개념과 올바른 행사방법

권력에 대한 일반적인 정의로는 '다른 사람의 의사에 관계없이 자신의 의사를 관철시킬 수 있는 힘'이라 할 수 있다. 이러한 권력에는 1차원적 권력(행태적 권력), 2차원적 권력(이중적 권력), 3차원적 권력(구성적 권력)이 있는데, 1차원적 권력은 제가 앞에 적어 놓은 일반적인 정의와 일맥상통하는 개념으로 국가의 국민에 대한 공권력 행사, 사회적 강자의 사회적 약자에 대한 권력 행사 등을 예로 들 수 있다.

그리고 2차원적 권력이란 '무의사결정' 이론에 의한 권력개념으로 '의제설정 권력'이라고도 한다. 만약 소수자의 의견을 사회적 강자가 아예 제도적으로 원천적으로 막아서 소수자의 의견이 사회의 수면 위로 나오

거꾸로 읽는 헌법

지 못하게 하는 권력을 뜻한다.

3차원적 권력은 구성적 권력으로 보통 언론이나 매체의 권력을 뜻한다(사람의 생각을 구성하기 때문이다). 만약 조선일보가 노조에 대해 '귀족노조'식으로 폄하하여 기사를 쓴다면 사람들의 생각도 노조를 '귀족노조'로 구성된다는 의미에서의 권력으로 볼 수 있다.

권력은 기본적으로 사람이 행사하는 것이다. 그러므로 권력은 남용될 수 있는 것이다.

그래서 권력은 견제가 반드시 필요하다. 대부분의 국가에서 삼권분립(권력분립)제도를 갖고 있는데, 이렇게 권력을 쪼개는 이유를 몽테스키외는 "권력은 분리되어야 견제할 수 있고, 남용되지 않는다."라고 하였다. 권력이 남용되면 우리나라의 4공, 5공처럼 참 무서운 세상이 될 수 있다.

나는 현대에서 바람직한 권력이란 결국 3차원적 권력을 얼마나 잘 통제하느냐에 달렸다고 생각한다. 1차원적 권력과 2차원적 권력은 우리 사회가 민주화되면서 어느 정도 통제가 잘되었다고 생각한다.

그러나 이러한 통제의 사각지대가 바로 3차원적 권력이라 할 수 있다. 실제로 3차원적 권력이 1차원, 2차원적 권력보다 더 무섭다. (사람들의 생각을 구성하니 그렇다.)

이를 적절히 통제하기 위해서는 시민사회의 기득권 언론에 대한 통제와 소수자의 권리를 보호하는 대항언론의 조성이 필요하다고 생각한다. 이렇게 3차원적 권력도 적절한 통제와 모니터링이 있어야 바람직한 권력이 될 수 있다고 생각한다.

2) 대통령제는 과연 제왕적인가?
「국무총리의 헌법적 지위」

언론에서 대통령이 권력형 비리에 휘말릴 때 '제왕적 대통령제'가 문제가 있다는 식의 보도가 나온다. 그런데 필자는 그 말에 동의하지 않는다.
'제왕적 대통령'은 존재할 수 있어도 '제왕적 대통령제'는 있을 수 없기 때문이다.

청와대는 대한민국 대통령의 관저이다.

대통령제 자체가 입법부와 집행부의 상호 견제와 균형을 목적으로 만든 제도이기 때문이다.

먼저 대통령제는 이론적 산물의 결과이지만, 의원내각제는 영국의 역사와 함께 형성, 발전되어 온 역사적 산물이라는 점을 말해 주고 싶다.

그러므로 의원내각제를 한국에 도입한다면, 한국은 의회정치나 근대

거꾸로 읽는 헌법

입헌주의를 도입한 지 얼마 안 되기 때문에 체계부조화 문제로 상당한 부작용이 예상된다.

이렇게 예상되는 부작용에는 의원내각제는 내각의 성립과 존속이 의회에 의존하므로 정국이 불안해질 가능성이 높고, 의회에서 토론에 의해서 모든 정책결정이 이루어지므로 의회가 정쟁장소화가 될 우려가 높고, 1인이 아닌 다수의 의사를 결집해야 하므로 강력한 정치추진에 어려움이 있다.

그리고 의원내각제는 선거에서 승리한 다수당이 의회와 집행부를 장악하게 되므로, 대통령제와는 달리 오히려 다수의 횡포를 막기 어렵다.

이러한 이유로 우리나라에서 벌어지는 권력형 비리는 대통령제의 문제라기보다는 대통령 개인의 문제라 생각한다. 대통령 개인의 성향이나 정치적 신념에 따라 제왕적 대통령이 될 수도 민주적 대통령이 될 수도 있는 것이라 생각한다.

그리고 덧붙여서 국무총리는 우리 헌법에서 어떤 존재일까?도 반드시 짚고 넘어가야 한다.

국무총리를 조선시대의 영의정에 빗대어 '일인지하 만인지상'이라고도 부른다. 즉 2인자라는 뜻이다.

그럼에도 불구하고 오늘날의 국무총리가 조선시대의 영의정과 같은 권력을 가졌다고 생각하는 사람은 거의 없지 싶다. 어떻게 보면 기획재정부 장관, 법무부 장관, 민정수석이 국무총리보다 권력이 더 큰 경우가 많다.

그 이유는 대한민국 헌법 때문이다.

헌법 제86조 제2항에 따르면 "국무총리는 대통령을 보좌하며, 행정에 관하여 대통령의 명을 받아 행정각부를 통할한다."라고 규정되어 있다. 여기서 가장 핵심적인 단어는 "대통령의 명을 받아"이다. 간혹 국가고시나 공무원시험에서 이 문구를 빼고 '국무총리는 대통령을 보좌하며, 행정에 관하여 행정각부를 통할한다'를 틀린 지문으로 출제하여 많은 수험생을 당황하게 만든 적이 있을 정도로 헌법의 국무총리 조항에서 "대통령의 명을 받아"는 핵심적인 문구로 국무총리의 헌법적 지위를 잘 드러내는 표현이라 할 수 있다.

결국 국무총리는 헌법상 독자적인 권한이 거의 없고, "대통령의 명을 받아" 권한을 행사하는 보좌기관이라 할 수 있다.

3) 에드먼드 버크의 국회의원

에드먼드 버크는 보통 정통 보수주의 정치인으로 알려져 있지만 근대 대의제 민주주의의 이론을 확립한 선구자이기도 하다.

대한민국은 헌법상 직접민주주의가 아니라 대의제 민주주의(간접민주주의)를 채택하고 있기에 그의 사상을 이해하는 것이 중요하다.

대의제 민주주의는 선거구민이 선출한 국회의원이 선거구민의 의사에 기속되지 않고, 전체 국민의 이익에 따라 행동해야 함을 의미한다. 이런 얼핏 보면 당연한 이야기를 18세기의 에드먼드 버크가 하였다. 왜냐하면 국회의원은 전체 국민의 대표이기 때문이다.

그러나 지금 우리나라 국회의원은 어떠한가? 자신을 뽑아 준 선거구민의 의사에 거의 99% 신경을 쓴다. 왜냐하면 그 선거구민의 여론조사에 따라 공천이나 본선에서의 당락이 결정되기 때문이다. 그리고 어떤 국회의원은 정당 간부의 눈치를 더 많이 본다.

가령 국회의원들이 표결할 때 정당의 당론에 따라 우르르 결집하는 모습을 국민들은 자주 보는데 이러한 모습은 사실 우리 헌법에서 추구하는 국회의원의 모습과는 전혀 거리가 멀다.

국회의원은 자신의 직업적 양심에 따라 전체 국민의 이익을 위해 행동해야 하기 때문이다.

에드먼드 버크의 대의제 민주주의에 걸 맞는 국회의원이 많아져야 국민이 행복하다.

국회의원은 지역구민의 대표가 아니라 전체 국민의 대표자이다.

4) 양원제와 단원제

양원제는 의회가 상, 하의원의 합의체로 구성되고 두 합의체가 독립하여 결정한 의사가 일치하는 경우에 의회의 의사로 간주하는 의회제도이다.

단원제는 의회가 단일 합의체로 구성되는 의회제도이다.

양원제의 장점과 단점에 대해 아래에 일목요연하게 정리를 하였다.

미국은 대표적 양원제 국가로서 상원이 하원보다 권한이 크다.

〈양원제의 장점(반대로 해석하면 단원제의 단점)〉

1. 의안심의 신중을 기함으로써 경솔과 졸속을 방지할 수 있다.

2. 일원이 타원과 정부 간의 충돌을 완화시킬 수 있다.

3. 날치기를 방지하는 데 효과적이다.

4. 국회의 구성에서 권력분립의 원리를 도입함으로써 의회다수파의 횡포를 견제할 수 있다.

5. 상원에 직능대표제, 지방대표제를 도입하면 특수이익을 보호할 수 있다.

거꾸로 읽는 헌법

6. 양원은 조직을 달리함으로써 단원제로서의 파쟁과 부패를 방지
   할 수 있다.

〈양원제의 단점(반대로 해석하면 단원제의 장점)〉

1. 의안의 심의가 지연되고 국비를 낭비한다.

2. 의회의 책임소재가 불분명하다.

3. 의회의 분열 시 정부에 대한 의회의 지위가 상대적으로 약화
   된다.

4. 상원과 하원의 구성이 동일한 기반일 경우 상원은 무용하고,
   상이한 기반에 입각할 때에는 상원이 보수화, 반동화할 위험이
   있다.

5. 양원의 의견일치 시 상원이 불필요하고, 불일치 시 국정혼란이
   온다.

이를 통해 봤을 때 우리나라는 단원제를 유지하는 것이 정국 안정에
도움이 될 것으로 보인다. 참고로 미국은 대표적 양원제 국가인데 다음
과 같은 특징을 가진다.

미국의 상원은 지역 대표적인 성격이 있고, 하원은 인구비례적인 성격
이 있다.

이는 미국이 13개주의 지방국으로부터 연립하여 형성된 연방제 국가
이기 때문이다.

그러므로 단순히 우리나라처럼 의원을 인구비례로 뽑게 되면 각 지역
의 이해관계를 살릴 수가 없기 때문이다.

보통 상원은 그 지역에서 가문이 좋거나 전통이 있는 쪽이 의원을 하게 되므로 보수적이고 기득권 옹호적인 측면이 있는 반면, 하원은 다양한 세력들의 진출이 이루어지게 되므로 진보적인 성향을 띄게 된다.

그래서 일반적으로 양원제 국가일 경우 상원보다 하원의 권한이 더 크지만, 미국은 예외적으로 상원의 권한이 더 크다. (상원의장이 미국의 부통령을 겸임하고 있는 것만 봐도 알 수 있다.)

하원이 하는 일은 일반적으로 국회가 하는 일이라고 생각하면 된다. 법률안 발의, 의결, 국정조사, 예산안 심의 등 이다.

상원이 하는 일은 국가의 외교, 안보와 관련된 일이 많다. 그 일례로 미국은 선전포고를 하려면 상원의 동의를 거쳐야 한다.

5) 대법원과 헌법재판소

대법원은 헌법 제101조에서, 헌법재판소는 헌법 제111조에서 규정하고 있다. 그 역사는 당연히 대법원이 헌법재판소보다 유구하다. 대법원은 제헌 헌법에서부터 있었고, 우리의 헌법재판소는 현행 헌법에서 최초로 규정되었다. 6·10 민주항쟁의 결과물이라고도 한다. 대법원은 한 국가의 최고법원으로 문명국가에선 필수적으로 존재하기 때문이다. 반면에 헌법재판소는 있는 나라보다 없는 나라가 더 많다. 선진국에만 있는 기관인 것도 아니다. 세계 최강대국인 미국도 헌법재판소가 없다. 대법원이 헌법재판기능을 하기 때문이다.

대법원은 기본적으로 사법기관이다. 헌법재판소는 정치적 사법기관이라고 부른다. 기본적으로 사법기관인데 성질상 정치적인 요소도 고려

거꾸로 읽는 헌법

할 수밖에 없음을 내재하고 있다. 헌법재판소가 대통령을 비롯한 고위 공직자의 탄핵심판, 권한쟁의 등을 심리하기 때문이다.

대법원은 최고 사법기관이고, 헌법재판소는 정치적 사법기관이다.

대법원은 일반 재판을 담당하고, 명령·규칙에 대한 위헌·위법을 심사하는 반면 헌법재판소는 위헌법률심판, 헌법소원, 탄핵심판, 권한쟁의, 정당해산심판과 같은 헌법재판을 담당한다.

이 중 위헌법률심판과 헌법소원, 탄핵심판 등에서 두 최고법원 간의 갈등이 일어날 가능성이 있고, 실제 그런 사례도 있다.

헌법재판소는 헌법재판소법에 따라 위헌판결이나 인용판결에 대해서만 모든 국가기관을 기속하는 효력을 가진다. 이때 모든 국가기관에는 대법원도 포함이 된다. 우리는 대법원이 최고법원으로서 그 확정판결은

절대 뒤집을 수 없는 절대적인 것이라 믿고 있다. 그러나 이런 확정판결
도 헌법재판소 앞에서는 취소될 수가 있다. 실제 헌법재판소가 대법원
의 확정판결을 취소하여 두 기관이 마찰을 빚은 적이 있다.

위헌법률심판에서도 법원이 위헌이 의심되는 법률을 제청할 때 헌법
재판소가 합헌판결을 할 수 있고, 탄핵심판에서는 법관도 탄핵대상이므
로 헌법재판소가 파면할 수 있다.

두 기관이 최고의 사법기관으로서 견제와 균형의 원리로 전반적으로
잘 운영되어 왔지만 사견으로는 헌법재판소를 대법원에 통합시켜서 미
국처럼 대법원이 헌법재판기능도 담당하게 하는 것이 사법부의 통일되
고 안정적인 운영에 도움이 될 것으로 생각한다.

6) 면책특권과 불소추특권의 차이

언론에서 면책특권과 불소추특권에 관한 보도가 종종 나온다. 보통
면책특권과 관련해서 회자가 많이 된다. 왜냐하면 면책특권은 국회의원
의 권리이고, 불소추특권은 대통령의 권리이기 때문이다. 불소추특권이
대통령의 권리이기 때문에 불소추특권이 면책특권보다 더 좋다고 생각
할 수도 있지만 면책특권이 불소추특권보다 특권의 법적 효력이 더 강
하다.

면책특권은 국회의원이 국회 내에서 한 발언과 표결에 관하여 국회 밖
에서 책임을 지지 않는 권리로 민·형사상 책임이 영구적으로 면제된다.
그러므로 국회의원 임기가 끝나도 처벌받지 않는다. 물론 요건에서 보
다시피 국회 외에서 한 발언에 대해서는 적용이 안 되며, 국회 내에서는

책임을 지게 되는 한계도 있다.

반면에 불소추특권은 대통령의 재직기간 중 형사상 책임이 면제됨을 의미하므로 민사상 책임이나 탄핵소추는 재직 중이라도 소추가 가능하며, 형사상 책임도 퇴임 후에는 처벌받을 수 있게 된다. 공소시효도 재직 중에는 정지가 된다. 그런 이유로 대통령이 퇴직 후에 감옥을 가거나 수사를 받게 되는 상황이 벌어지는 것이다.

모든 국민은 법 앞에 평등한데 헌법에서 이러한 특권을 인정하는 이유는 면책특권의 경우 국회의원의 표현의 자유 보장과 관련이 있고, 불소추특권의 경우 대통령이 국가를 대표하는 지위에 있는 만큼 재직 중에는 그 지위와 명예를 보호하고자 함에 있다.

7) 검찰개혁과 공수처
「공수처는 '제2의 검찰청'」

권력기관 개혁 및 권력기관을 대표하는 검찰개혁의 당위성에 대해 반대하는 사람은 그리 많지는 않다. 그러나 검찰개혁의 방향이 공수처(고위공직자범죄수사처) 설립이나 검찰의 수사권을 완전히 폐지하는 중수청(중대범죄수사청) 설립이라고 생각하는 사람은 소수에 지나지 않는다고 본다.

그 이유를 여기서는 정치적인 관점들은 다 차치하고 헌법상 기본권의 문제로 분석해 보도록 하겠다.

검찰과 경찰 같은 권력기관은 기본적으로 국민의 기본권을 보호하는 기능도 하지만 제한하는 기관이다. 국민들 입장에서는 존재 자체만으로도 부담이 가는 것이 사실이다.

그러므로 권력기관 개혁과 검찰개혁을 하는 것에 대해 대부분의 국민들은 찬성하는 것이다. 권력기관을 개혁하여 권한이 약화되면 국민의 기본권이 강화되기 때문이다.

그런데 검찰개혁의 방향이 공수처 설립이나 중수청 설립과 같은 권력기관의 증설로 귀결되면 검찰권은 약화될 수 있지만 나라 전체로 보면 권력기관의 권한이 강화되어 국민의 기본권이 약화될 가능성이 높다.

공수처와 같은 경우는 검찰의 기소독점주의를 무너트렸다는 점에서 의의는 있지만 실질적으로는 수사와 기소를 동시에 담당하는 '제2의 검찰청'이다. 당연히 혈세가 더 투입되어 국민 부담이 가중되는 것은 물론이고, 일반 국민이 채용될 수 있는 직장도 아니다. 공수처는 비법조인은 일할 수 있는 가능성이 거의 없고, 법조인이라 할지라도 검사나 판사 경력이 없으면 들어가기가 어렵다. 결국은 검사 출신들로 채워질 '제2의 검찰청'이 될 가능성이 농후하다. 이런 공수처가 국민들에게 어떤 이익을 줄지 의문이고, 특히 공수처를 만든 정치인들에게도 어떤 이익을 줄지 의문이다. 이익은커녕 기본권을 제한하는 부메랑으로 돌아올 것이 자명하다.

중수청과 같은 경우는 검찰의 6대 중대범죄 수사권까지 담당하여 검찰의 수사권을 완전 폐지하는 형사사법 체계의 근간을 허물어뜨리는 시도가 될 것으로 보인다. 수사와 기소를 완전히 분리하겠다는 취지인데 실무적으로 수사와 기소를 완전히 분리가 가능하다고 생각하기 어렵다. 수사와 기소를 분리하면 공소유지가 어려워 죄 지은 자가 있어도 무죄 판결이 날 가능성이 높다. 이러한 일로 발생하는 피해는 고스란히 국민에게 돌아갈 것이다.

사실 수사와 기소를 놓고 보았을 때 수사가 핵심이고, 기소는 권한이라기보다는 의무에 가깝다. 수사권이 없는 기소권은 앙꼬 없는 찐빵과 같다. 수사를 해서 범죄 혐의가 명백한데 검사가 기소를 안 할 수가 있는가? 당연히 해야 하는 것이다. 기소는 자유재량행위가 아니라 기속재량행위이다. 중수청도 결국은 '제2의 경찰청'인 것이다.

'제2의 검찰청', '제2의 경찰청'을 만드는 것이 국민에게 좋은 일인지 깊게 생각할 필요가 있다. 국민의 기본권 입장에서 본다면 권력기관의 증설은 전반적으로 이득이 될 게 별로 없다. 검찰개혁은 검경수사권 조정 정도로 마무리하는 것이 옳았다고 생각한다.

헌법과 미래

7

—

헌법과 미래

1) 헌법 개정의 필요성과 시기

우리나라는 짧은 헌정사에도 불구하고 9번이나 헌법 개정이 있었다. 미국은 1789년 수정헌법이 효력을 발휘하여 200여 년이나 존속하고 있다. 대한민국의 정치가 혼란스러울 때마다 많은 사람들이 개헌을 이야기하는데 사실 헌법이 문제가 아니라 사람이 문제라고 생각한다. 헌법을 쭉 읽어 보면 얼마나 좋은 내용들이 많은가? 우리가 잘 모르는 기본권만 해도 수십 가지나 규정되어 있다.

선진국의 헌법(특히 미국)과 비교해 봐도 대한민국의 현행 헌법은 내용적으로 상당히 훌륭하다. 독일, 프랑스, 일본, 미국 등 각국 헌법의 좋은 것들에 영향을 많이 받았기 때문이다.

사견으로는 지금 현행 헌법은 100년까지도 그 명맥을 유지할 수 있을 만큼 가치가 있다고 생각한다.

문제는 사람이다. 사람이 헌법을 지키지 않기 때문에 탄핵과 같은 정치 비극이 일어나는 것이다.

그러므로 헌법 개정은 국민들 삶에 있어서 시급하고 중요한 문제가 아니라 당장은 할 필요가 없다고 생각하나 정치상황의 변동에 따라 해야 하는 상황이 발생한다면 개정되거나 추가해야 할 조항이 있을 수 있다.

앞서 설명했던 '수도 이전'과 관련된 수도 조항, '경제민주화' 조항 용어 수정, '정당해산심판' 시 의원직 상실여부 문제 규정 등 현행 헌법에서 논란이 되었던 헌법적 문제들을 개헌을 통해 명문화할 필요가 있다. 그리고 21세기에 걸맞는 디지털(AI) 관련 기본권 신설, 통일을 대비한 조항, 대통령 4년 중임제와 같은 권력구조 개편도 개헌의 핵심적인 내용이 될 수 있을 것이다.

개헌의 내용도 중요하지만 그 시기도 중요하다고 생각한다. 아무리 좋은 헌법 초안이 있더라도 타이밍이 맞지 않으면 개헌이 불가능하다. 이때까지 수많은 개헌 논의가 타이밍이 맞지 않아 불발되었기 때문이다.

개헌을 할 수 있으려면 국회 재적 2/3 이상이 필요하다. 이론적으로는 여든 야든 국회의석이 2/3 이상이 되면 가능한데 야당이 2/3 이상이 되는 경우는 있을 수 있더라도 야당의 한 정당이 2/3 이상이 되는 경우는 발생하기 어렵다.

그러므로 여소야대 정국에서는 개헌이 불가능하다. 야당의 의석 수가 아무리 많더라도 여당에서 비토권을 내세울 확률이 크며 막강한 행정부의 권력으로 소수 야당을 회유할 수 있기 때문이다.

그렇다면 개헌이 가능하기 위해서는 극단적인 여대야소 정국이 필요하다. 여당과 연립정당의 의석 수가 2/3 이상이면 개헌이 가능하다. 물론 의석 수가 2/3에 약간 못 미치더라도 야당과 개헌안과 관련하여 협의하는 모양새를 비춘다면 소수의 이탈표가 발생하여 개헌이 가능할 수가 있다. 밀어붙이기보다 추진 과정에서 협의하는 모습을 보인다면 개헌안 통과 가능성이 높아지며 통과 뒤 국민투표에 부칠 때도 유리할 수가 있다.

2) 대통령 4년 중임제

간혹 뉴스에서 개헌과 관련된 내용이 보도가 된다. 현행 헌법이 1980년대에 만들어진 헌법이라 벌써 40년이 지났기 때문으로 보인다. 개헌과 관련된 이슈는 보통 정권이 위기에 몰렸을 때 국면탈출용으로 제기되다가 용두사미로 끝난 경우가 많았는데 이제는 여야 모두 개헌의 필요성에 대한 공감대가 있는 듯하다.

그 공감대가 바로 대통령 4년 중임제이다. 헌법에는 기본권을 비롯하여 수많은 조항이 있지만 역대 헌법 개정사에서 전술한 바와 같이 역시 관심은 '권력구조'이다. 사실 개헌에 있어 권력구조가 가장 핵심인 것은 어쩔 수 없는 현실이라고 본다. 정치인이나 국민이나 모두 권력구조에 관심이 많다.

현행 헌법은 5년 대통령 단임제이다. 즉 대통령을 1번밖에 못 하는 것이다. 군사정권의 장기집권 및 독재를 막기 위해 6·10 민주항쟁의 결과물로 산출된 현행 헌법의 핵심 제도이다.

그러나 민주화가 진척된 현재에 이르러서는 많은 단점이 노출이 되었다. 바로 임기 말 권력형 비리와 레임덕 현상이다. 어차피 대통령을 한 번밖에 못 하니 임기 말이 되면 차기 권력에 이목이 집중될 수밖에 없고, 그 결과 권력 내·외부에서 균열과 누수가 일어나게 된다. 그리고 두 번 대통령을 할 수가 없으니 되고 나면 잘해야 될 이유가 없다. 그렇기 때문에 퇴임 후 정치적 영향력 유지를 위해 재임 시 권력형 비리를 통해 막대한 부를 축적하고자 하는 욕망이 발생하게 된다. 만약에 대통령을 한 번더 할 수가 있다면 임기 말 레임덕도 줄일 수 있고, 재임 시 최선을 다할 유인이 생긴다. 국정의 책임성이 높아진다는 것이다.

그리고 남북관계에 있어서도 5년 단임제는 신뢰관계가 낮을 수밖에 없다. 북한의 지도자는 사실상 종신제인데 우리는 5년밖에 안 되기 때문에 북한에서 봤을 때 남한의 정책을 신뢰하기가 힘들다. 대화를 통해 합의를 해도 정권교체가 되면 휴지 조각이 되기 때문이다.

그러므로 대통령 4년 중임제를 해야 대통령이 재임 시 최선을 다할 유인이 생겨 레임덕 방지 및 국정의 책임성을 높일 수 있다. 북한의 입장에서 봤을 때도 대통령이 선거결과에 따라 장기집권을 할 수도 있는 상황이므로 우리 정책에 대한 신뢰도가 높아질 수가 있다. 그리고 북한에 끌려다니지 않는 대등한 협상 파트너가 될 수 있을 것이다.

대통령 4년 중임제를 채택하고 있는 대표적인 나라가 미국이다. 이 대목에서 중임제와 연임제의 차이점을 알아야 한다. 연임제는 연달아서만 대통령을 할 수 있는 것이다. 그러므로 차기 대통령 선거에서 선출이 되지 않으면 대통령을 영원히 못 하는 것이다. 그러나 중임제는 연임제를 포함한 광범위한 제도이다. 연달아서 되는 것도 가능하고 차기 대통령 선거에서 낙선해도 차차기 대통령 선거에서 당선이 되면 대통령이 될 수 있는 제도이다.

대부분의 사람들은 여기서 미국의 대통령 4년 중임제를 연임제로 착각하고 있다. 왜냐하면 대부분의 미국 대통령이 연달아 대통령을 한 번 한 뒤 물러나기 때문이다. 차기 대통령 선거에서 낙선하면 차차기 대통령 선거에 나오지 않는 것도 그 이유라 할 수 있다.

그러나 이것은 정치적 관행일 뿐 미국이 대통령 4년 중임제가 아니기 때문은 아니다. 미국 역사상 차기 대통령 선거에서 낙선하고 다시 대통령에 당선된 사례가 딱 한 번 있기 때문이다. 미국 22대 대통령인 클리블랜드 대통령이다. 정치적으로 사실상 불가능한 사건으로 240년 미국 역사상 단 한 번밖에 존재하지 않았다. 참고로 미국은 1회에 한해 중임을 허용하고 있다.

당연히 우리나라의 대통령 4년 중임제도 미국을 본 따서 1회에 한해 중임을 허용하는 방안으로 많은 의견이 모아지고 있지만 필자는 3회로 중임을 허용하였으면 좋겠다는 생각이 든다.

앞서 밝혔듯이 남북관계의 특수성 때문이다. 어차피 우리 정치상황에서 대통령이 3회를 할 가능성도 희박할뿐더러 대통령이 3회까지 장기집권할 수도 있다는 불확실성을 줘야 북한도 남한과의 관계에 있어 더 적극적인 자세로 임할 수 있을 것이라 본다.

국정의 연속성과 책임성이 단임제보다 극대화되는 것도 국가와 국민에게 이익이라 생각한다.

거꾸로 읽는 헌법

ⓒ 이동준, 2021

초판 1쇄 발행 2021년 7월 23일
    2쇄 발행 2021년 9월 24일

지은이   이동준
펴낸이   이기봉
편집   좋은땅 편집팀
펴낸곳   도서출판 좋은땅
주소   서울 마포구 성지길 25 보광빌딩 2층
전화   02)374-8616~7
팩스   02)374-8614
이메일   gworldbook@naver.com
홈페이지 www.g-world.co.kr

ISBN   979-11-388-0040-2 (03360)